THE DREAM OF REASON

理性の夢 I

アンソニー・ゴットリーブ 著
Anthony Gottlieb
坂本 知宏 訳
Sakamoto Tomohiro

晃 洋 書 房

THE DREAM OF REASON
by
Anthony Gottlieb

Published by arrangement with DGA Ltd, London
through Japan UNI Agency, Inc., Tokyo

序論

十年以上前に本書の仕事を始めたとき最も予期していなかったのは、哲学なんてものが存在しないということである。だが、だいたいこのようなことを私は見出したし、そう考えると多くのことが分かる。自分が知っていると思っている事柄を忘れようと心に決め、私は西洋の偉大な哲学者と目された人々の二千六百年前の著作を検討しようとした。目的は、ジャーナリストのすべきやり方で哲学の物語に取り組むことだった(礼儀正しい友人たちはそれを「野心的だ」と言ったが、多くの場合意味されていたのは「気違いじみた」だった)。つまり、一次資料が現存するときはいつでもそれだけに頼ること、平凡な知恵となってしまったあらゆることを問題とすること、そして何より、できるかぎり明快に説明すること、という目的である。

哲学者として伝統的にひとくくりにされる紀元前六世紀と五世紀の多様な気質の人々を苦労して読み、ソクラテスとプラトンとアリストテレス(トリオとして一括されることも多いが、しかしこれ以上に異なる三人組がいただろうか)へ、またヘレニズム時代の知的セラピストたちへ、古代後期の神秘家とオカルティストたち、最初のキリスト教思想家たち、中世初期の論理マニアの修道士たち、中世の科学者と神学者たち、ルネッサンスの魔術師や夢想家や文法家や技師たち、そして近世の始まりまで骨折って進んでくるにつれて、「哲学」という織物が目の前でほどけてきた。私の結論は、伝統的な数々の歴史は物理学や数学や社会科学から、また人文科学から、哲学を区別しようとするが、それは極端なまでに単純化のしすぎだ、というものだ。「哲学」として普通言及されるものを、学問的地図の上にきちんと位置づけうる一つの学科に閉じこめるのは、まったく不可能だった。

このことは一つには、そうした地図上の地名が変化しがちだからである。たとえば中世には「哲学」は、神学に分類されない理論的知識のほとんどあらゆる部門を扱った。ニュートンの主題は「自然哲学」だったが、この用語は現在科学と見なされるもののほとんどと、現在哲学と考えられているものの幾つかを扱うために、十九世紀前半になっても依然として広く使用された。哲学的思考と呼ばれてきたものは、自然に、従来の境界をさまよい出る傾向がある。その放浪癖と飽くことのない好奇心は新しい思考領域を誕生させることもよくあり、これがまた地図作成作業を複雑なものとする。第一章で見るように、西洋科学が創造されたのは、数人のギリシア人思想家たち——最初の「哲学者たち」として知られている人々——が神々についての通常の話を無視し、かわりに出来事の自然的原因を探し求めるほどひねくれていたときなのである。ずっと時代が下ると、心理学や社会学や経済学が、当時は哲学者と呼ばれた人々の著作から主として生じた。それと同じ創造過程は今日も続いている。たとえばコンピューター言語は、哲学者による最も退屈な発明だと長いあいだ見なされていたもの、すなわち形式論理学、に由来する。「哲学」がいかに新芽を生じさせるかについての、小さいが典型的な例は、十九世紀のドイツ人数学者ゲオルク・カントルの場合に見ることができる。無限という主題に関する彼の研究は当初、科学者仲間から単なる「哲学」だと見なされた。それがあまりにも風変わりで抽象的で不毛だと思われたからだ。今ではそれは、集合論の名のもとに学校で教えられている。

実状はといえば、哲学の歴史はくっきり《シャープリィ》と定義された学問分野の歴史というよりも、鋭く《シャープリィ》せんさく好きな気質をした精神の歴史というところだ。他の学科から奇妙にも切り離された、純粋思考についての一種の瞑想的科学という哲学の伝統的イメージは、大方のところ歴史的な光によるトリックである。その幻想が作られるのは、われわれが過去を見る仕方と、また特に知識にラベルが貼られ、切り刻まれてまたラベルが貼り直されることになる仕方とによってである。哲学的著作はいつも必ず他の学問分野によって秘かに連れ去られ養子にされる。昨日の道徳哲学は明日の法理学や厚生経済学となる。昨日の心の哲学は明日の認知科学となる。そして道はどちら向きにも走っている。つまり、他の学問分野における新しい探究が、哲学的に興味深いものについて新しい問いを促す。明日の経済学は明後日の道徳哲学のための肉となるのである。このように境界が移行する結果の一つとして、哲学的に思考することが非常に無益だ、知的な企てとしてさえそうだと、簡単に思われうることになる。これは主として、有益だと一般に見なされるようになった部分はどれもすぐに哲学と呼ばれることをやめるからである。哲学者たちは決して進歩しないという錯覚に基づく見かけは、ここに由来している。

かつて心理学者ウィリアム・ジェイムズは哲学を「明晰に思考しようとする格別頑固な努力」だと言った。これは随分と無味乾燥な定義だが、しかし私の知る他のどれよりずっと正しい。なるほど確かに、哲学について考える時ほとんどの人が最初に心に思い浮かべるのが明晰さだということはない。明晰に思考しようとする哲学者の試みがたびたび大きく裏目に出てきたということは、否定できない（たとえばハイデガーを生みだしたことに責任のあるどんな学問も、世の人々に弁解する義務がある）。それでも、ウィリアム・ジェイムズがしたように哲学を説明するのは正しい。哲学実践者のうちで最も難解な者さえ物事を理解しようと奮闘中なのだし、この努力こそが彼らを哲学者とする。努力が報われないこともあるが、しかし報われることも多い。

哲学的思考を「頑固」と呼ぶのは、とりわけ適切だった。かつてバートランド・ラッセルはそれを「異様に強情」だと言った。というのも、他種類の思考からそれを区別するのは、一つには、実際的観点からはそうするのはまともでないと思われるときでさえ、従来の答えを受け入れる気にならないところにあるからだ。これがために、哲学者はあんなにとても楽しい人物となる。最初期のギリシア哲学史家は、今日のわれわれよりもこのことをよく理解していた。というのも、彼らの本には滑稽な逸話がちりばめられていたからである。それらの逸話の幾つかは実際真実であったかもしれないし、でっちあげられた場合でさえほとんどがとてもいいところをついている。際だって風刺可能な人々についてそうした風刺を認めないなら、哲学の核心にあるジョークを見逃すことになる。哲学者たちはその時代に通用している常識に対して必ず眉をしかめてきた。オチがつくのは、「常識」の方こそが常識外れなほど混乱していたと分かったときだ。もちろん、ジョークが間違っていて結局ばかげて見えるのは哲学者であることもある。しかしその仕事にはこの危険がつきものなのだ。

合理的探究を強情にその限界まで押し進める試みが失敗に終わるよう定められている場合は多く、そのときは哲学的思考を動機づける理性の夢は単なる妄想だと思われる。けれども壮大な成功を収め、実り多い霊感としてその夢が示される場合もある。本書は、紀元前六世紀からルネッサンスまでの、理性の夢の物語がもつこの両面を示そうとする。第二巻はデカルトから今日までの物語を続ける予定である。〔訳注　本訳書では、第一部のみを訳出している。〕

謝辞

コメント、提案、批判を行ったり、わたしの質問に答えたりすることによって、多くの学者がわたしに助力してくれた。最も深く感謝しているのは、ジョナサン・バーンズ、ウォルター・ブルケルト、ブライアン・コペンハーバー、故コプルストン神父、ジョン・ディロン、ケネス・ドーバー卿、アンソニー・グレーリング、ジム・ハンキンソン、エドワード・ハッセー、ジョン・マレンボン、W・V・クワイン、ジョン・バランス、マーティン・ウエストである。助力と励ましについて感謝するのは、オリバー・ブラック、ダニエル・ブーアスティン、レイ・モンク、アンドリュー・ラッシュバス、マット・リドレー、イレーネ・スミス(本書は彼女のアイデアである)、ピーター・ストローソン卿、わが妻ミランダ・シーモアである。二代続きの『エコノミスト』編集長であるルパート・ペナン-リーとビル・エモットは、本書執筆のために長期休暇を認めてくれたことについて、感謝を受けるにふさわしい。

目次

下巻目次

第二部

第一部

1 諸原型――ミレトス派

誰が始めたかを確実に知ることは決してできない。ある天才が哲学を発明した後、後世に自らを知らせる以前に、書かれざる歴史の深淵に哀れにも落ち込んでしまったということがありえよう。だが、そうした人物がいたと考える理由はまったくなく、そうするとそうした人はいなかったのかもしれない。他に失敗した始まりが時代的に先行してはいなかったと確信することはできないにせよ、幸運にも、哲学の一つの始まりの記録がともかくも存在する。

今日、最初期に哲学者として知られた人々は図書館や大学で真面目に研究されるが、しかし彼らのうちの多くが最初に名声を博した分野は、ショービジネスの一種と見なせるであろう。彼らは人前に姿を現し、多くはまばゆい着物をまとっており、会話を交わしたり詩を朗読したりした。そうしたパフォーマンスが招いたのはつかの間の聴衆と献身的信奉者であり、ときには嘲笑だった。そうした人々のうち幾人かは他の者よりも外向的だった。一方の極には放浪詩人クセノファネスがいて、「はやすでに六十と七年になりぬ、／わが（憂き）思いをヘラスのあなたこなたに散じはじめてよりは」と、はっきり主張した（そのとき九十二歳だったとされている）。もう一方の極には傲岸な貴族主義者であるエペソスのヘラクレイトスがいる（古代において「暗き人」「泣く人」「分かりにくい人」といった様々な名で知られていた）。彼は自身誇らしく認めているように、あらゆる賢者と賢者に耳を傾ける群衆とをひどく嫌い、どうやら自分の考えを人に話さないでおいたようだ。初期の哲学者たちのほとんどは、この両極の間のどこかに位置していた。紀元前六世紀と五世紀、現在のギリシア、トルコ、イタリアの一部でのことであった。

今日、これらの人々は普通「ソクラテス以前の哲学者たち（Presocratics）」と呼ばれる。彼らのほとんど全員が、十九世紀の歴史家数人の考えによると、ソクラテス（紀元前四六九～三九九）より先に生まれるという不運を共有していたからである。彼らの首にこの名札をかけて立ち去りたい人もいるかもしれない。しかし実際は、彼らはソクラテスというオペラの単なる序曲であるどころではなかった。ニーチェが述べたように、彼らは後の哲学すべての原型を創り出した。彼らは科学をも創り出した。当時は哲学と科学は同じものだった。

これら奇跡的な人々のうち最初の人が、突然天から降ってきたわけではない。紀元前六世紀のギリシアから時間が始まったのではなく、バビロニアの初歩的幾何学や初期ギリシア宗教など、ずっと以前から始めるために論じることができるだろう。ソクラテス以前の哲学者たちは立派な思想家ではあるものの、思考そのものを創り出したわけではなく、より以前の努力を幾つか検討するなら彼らの考えの解明に役立つ、と言える。しかし本書は万物の歴史でなく哲学史であり、われわれはどこかから始めなければならない。

始める場所はミレトス、小アジア沿岸にあるイオニアの都市国家の一つだ（現在はトルコにある）。タレス、アナクシマンドロス、アナクシメネスがミレトスで活躍した紀元前六世紀、ミレトスは、北方にはトラキアと黒海周辺に多くの植民地を抱え、南イタリア、東方、エジプトに商業的なつながりをもった裕福で強大な海洋国であった。ミレトスは洗練された場所であり、そこには暇な人もいた。アリストテレスは後に、暇が哲学の前提条件だと好んで主張した。二世紀後にアリストテレスは、これら三人のミレトスの人々を何度か論じた。彼は初期ギリシア思想家をテオロギ（theologi）とピュシキ（physici）に二分した。前者は世界が強力な超自然的存在によって統制されていると考えるのに対し、後者は見かけは無秩序な世界をより単純な非人格的原理によって説明しようとした。ミレトスの人々は最初のピュシキだとアリストテレスは述べた。

ソクラテス以前の哲学者たちの多くは人前で話をするとともに自らの思考を書き留めたが、しかし今日残されているものからそれを知るのは困難だ。彼らの著作は時間によって散り散りにされ、生き残ったとしてもただ小さな断片としてのみだ。二千年ほどの間学者たちは、二次的資料に大幅に依存しながらあちらこちらで少しの語を拾い、二、三のほんの少しばかりの文を熱心に研究し続けてきた。これらの破片への古註の幾つかは、少なくとも正確さを試みるためには信頼できる。しかしそうした古註の最善のものでさえ、ソクラテス以前の哲学者たちが生きたのより何世代も、あるいは何百年も経って書かれた。信頼できないこともあるがとても愉快な伝記作家であるディオゲネス・ラエルティオス（紀元後三世紀に生きた）の著作のような、他の中古の、再中古の資料は、読む際少々注意が必要だ。ディオゲネスは、浮かんでいるあらゆる物語を飲み込むクジラのような、無見識な歴史家だった。

以上の点に留意して、ミレトスのタレスを考察しよう。彼は古代ギリシアにおいて多くのことで名声を得ていたが、そのうち最も有名なこと、すなわち紀元前五八五年の日蝕の予言を実は行っていない。その日蝕は、ミレトス人の東の隣人たち――リュディア人とメディア人――の戦闘中に起こり、そのことでその衝撃は一段と劇的となった。この日蝕のおかげでタレスはいわば知的に一山あてた。兵士たちは自分たちが戦っている間に蝕が生じたという事実に大変心を打たれ、武器を捨て仲直りしたのだ。一般のギリシア人は、タレスが日蝕を予言したらしいという事実にとても心を打たれ、後に、様々な幾何学上の定理の証明から莫大な額の金儲けをする能力まで、信じられないほど多くの賢明な言葉や賢明な行いや発見をタレスのものだとした。より重要なことに、彼らはタレスの思考方法を深く尊敬するようになった。

しかしタレスは本当に予言したのではなく、情報を得たうえで幸運にも推測が当たったにすぎない。おそらく、彼は日蝕の真実などとうてい理解しておらず、日蝕に月が関係があることさえ知らなかっただろう。幸運にも彼は広く旅をしている人だったし、このことが彼の推測の説明となる。バビロニアの注意深い天文学者たちの勤勉な記録から、彼は過去に生じた蝕に特徴的だと思われる周期を学んだのだろう。何年間かは蝕が生じえたし、別の何年間かは生じえなかった。この記録から彼が理に適って推論できたのは、せいぜい、かなりの確率で紀元前五八五年のいつかどこかで蝕が観察されるということだ。もしタレスがこれ以上正確なことを何か主張したなら、それははったりだった。

その蝕は、世界についての自然主義的見解にとって好機となった。明らかに、自然主義者たちは考慮されるべき思想家たちだった。だが、現存する彼らの見解を詳しく考察すると、そうは思われないかもしれない。タレスに最も信頼できる仕方で帰せられる学説は、磁石が生きていることと、世界が水からできていることだからだ。たぶん彼はまた、より理論的でないことを他に多く述べ、実際的知識の持ち主として仲間から尊敬された。しかしこの二つの一見突飛な考えさえ、適切な文脈に置いて理解されるなら、敬意を払うに値する。

水から始めよう。現在われわれが物事の科学的説明と呼ぶものの一つの顕著な特徴は、それができるかぎり単純であることを目指すべきだということである。タレスはこれを目指しすぎて失敗し、たった一つのもの、すなわち水にすべてを還元しようとしたのだ。彼は実際には、水による説明を何とか提出しようとはしなかったようだ。結局、これは古代のことなのだ。しかし、多くの神々を呼び出すことによって物事をずっと複雑にするかわりに、観察できる世界の現象を統一することによって単純化するための自然的実体を探索する際、彼は少なくとも、現在われわれが正しい場所だと考えるもののうちに知識を探しつつあるのだ。

彼が本当に言おうとしていたのが、万物はある意味で水からできていることか、それとも単に万物が元々水に起源があるということなのかは、はっきりしない。たぶん両方のことを意味していたのだろう。アリストテレスのように、水がアルケーであるとタレスは考えたと解釈するのは、時代錯誤的ではあるが、必ずしも誤導的すぎるわけではない。アルケーとは、もう少し後の思想家たちによって用いられた用語であり、事物の起源だけでなく、万物が何らかの仕方でそれからできていて、究極的にはそれへと戻ることになる根本物質をも意味する。

いずれにせよ、タレスが選ぶものとして水は悪くない候補だった。土や火のような他の一般的な構成要素と違って水は、氷や蒸気といった別の形態をとることをたやすく見ることができる。水はこのように三つの状態を取り、変化に富む。アリストテレスは、タレスがなぜ水を好んだかの理由を示唆するとき、水が生命と密接に結びついていることにも触れている。食物、血液、精液はみな水を含む。植物と動物は水で養われる。生きているものはある程度湿り気がありがちだし、死ぬときには乾ききっている。宇宙についての神話的説明の多くも水に主要な役割を与えていた。バビロニア人とエジプト人のどちらにも、水が目立つ役割を果たす創造神話があった。これはほとんど驚きではない。どちらの文化も、人々がその周りに定住した河川に依存していたからだ。ホメロス(紀元前八世紀)では、大地の丸い表面を取りまく水が人格化されたオーケアノスは、あらゆる生命を生み、ことによるとあらゆる神々を生むものである。プルタルコス(紀元後四六頃〜一二〇頃)によると、エジプトの神官は、ホメロスもタレスも水に関する考えをエジプトから得たと主張するのを好んだ。

どうもタレスはエジプトとバビロニアの神話を知っていたらしい。しかしだからといって、彼が単にそれらをそっくり真似ているにすぎないということではないし、彼が最初そのアイデアをそれらから得たということでさえない。まさにありそうなのは、神話も彼自身の思索も共に、明らかに水が活動的であり多面的であり生命過程に含まれると気づいたことに一部は起因したということである。その上、そうした気づきをタレスが用いる仕方はまったく異なっていた。彼の水は、ホメロスのオーケアノスのように、女神テテュスの兄弟(にして夫)なのではない。それはまた、バビロニア宇宙論において神々を生じさせる、人格化された水の三タイプ、アプス、ティアマト、ムンムの混合物でもない。またそれは、エジプト神話において朝の太陽神にとっての父である原初の水、ヌンでもない。それは完全に普通の水であり、われわれがその中で泳いだり飲んだりするものであるし、生まれによってであれ結婚によってであれ、どの人格神とも関係づけられていない。

タレスと彼以前の神話制作者たちとのもう一つの違いは、彼は自分が述べたことの少なくとも幾つかには理由を与える必要を感じたようだという点である。彼は、大地が水の上に静止していると考えたが、それがなぜかをはっきりと述べた。「大地は木や他の何かそのようなものと同様、浮かんでいるがゆえに留まる……(じっさい、木片などは空気の上に留まるものではないが、水の上では留まる)」。大地を何が支えているかという問いには、ほとんどの自然主義者が答えようとした。独断的に解決を言い張るかわりに、タレスはその問いをこのように考え抜こうとしたようなのだ。水は丸太のようなものを支えることができるから、大地そのものを水が支えているかもしれない。アリストテレスはこの論法に感銘を受けず、次のように指摘した。もし大地がその上に何か静止するものを必要とするなら、大地を支えると申し立てられている水もそうであるから、タレスは本当は問いに答えていない、と。また、タレスの議論に対してはもう一つ致命的な反論がある。すなわち丸太は浮くかもしれないが、他のものは浮かないのだ。大地は石のように沈むのでなくて丸太のように浮くとなぜ想定するのか。けれどもこの敗北でさえ、タレスには一種の勝利である。彼を論駁するためにわれわれは彼とともに考えなければならないし、この賛辞をわれわれはエジプトの神官に与えようとは思わないのである。

磁石と琥珀が生きている(あるいは、魂《プシューケー》をもつ。当時はまったく同じことを意味した)というタレスの主張にも同じ賛辞が払われてしかるべきかもしれない。磁石と琥珀が他の対象を動かすことができ、それら自身も他の対象へと動くことができることに彼は気づき、それらが一種の生気をもつと提案することによって、その謎を説明しようと試みているのだ。結局、自発的運動は生命の印であることが多い。運動を引き起こす力だけでは、石を生きていると呼ぶことを正当化するのに十分でない、とタレスにわれわれは反論するだろう。しかし、だからといって彼の思索を単に変人の考えとして退けることはできない。今日でもなお、生命については正確な定義は存在しないし、紀元前七世紀には曖昧な定義さえなかった。それゆえ、タレスの明らかに奇妙な考えは、貴重なものがほとんど理解されていなかった時代において探究精神をもったことから自然に生じたのだと理解できる。

タレスの論述を終えて他のミレトス派を検討する前に、たとえそれがディオゲネス・ラエルティオスによるものだとしても、再び語る価値のある逸話が一つある。

また、こんな話も伝えられている。彼はあるとき、星を観察するために、老婆を伴って家の外に出たが、溝に落ちてしまった。そこで大声で助けを求めたら、その老婆はこう答えたというのである。「タレスさま、あなたは足下にあるものさえ見ることがおできにならないのに、天上にあるものを知ることができるとお考えになっているのですか」と。

この物語が本当なら、タレスは最初の哲学者だけでなく、最初の放心教授の称号も当然要求できる。とにかくこの物語は、人々が昔から哲学と超俗性とを喜んで結びつけてきたという事実を証明している。プラトンの対話篇の一つでソクラテスは、タレスに対する同じ物語の一ヴァージョンを語り、喜劇『雲』でアリストファネスは、ソクラテスその人に対して同じ物語の、似てはいるがずっとトゲのあるヴァージョンを語る。

ギリシア人は知的秩序の価値を認め、それが欠けていると思われるときはいつもそれを確立するのを好んだ。人々がギリシア人を学ぶ理由の一つはここにある。物事をきちんと整列させたいというこの望みの一面は、彼らが自身の歴史を書く仕方のうちに見てとれる。初期哲学の物語を語る古代の典拠のうちにわれわれが見出すのは、師たちと弟子たちの堂々とした行列であり、それぞれが知識の灯を後継者として任命された者に手渡してゆくのである。こうして、少しばかり若年のミレトス市民であるアナクシマンドロス（紀元前六一〇頃～五四六頃）は、タレスのもとで学んだことはまったくなかったかもしれないけれども、彼の「弟子にして後継者」だと通常言われた。タレス同様、アナクシマンドロスは博識家だったし、彼の『自然について』の一文のほんの一部分しか残存しないけれども、彼がおおよその（ギリシア語の）書名で確かに著作したし、その本はほとんどあらゆることを扱っていたと言うために十分なだけの証拠が残されている。彼は大地《アース》の既知の部分の、最初のそれと分かる地図を描きさえした。自然について彼が知らなかったこと――もちろんそれは沢山あった――を、彼はでっち上げた。

これは彼が嘘をついたということでなく、自分で物事を考え抜こうとしたということである。宇宙の起源と運命、自然過程を支配する諸原理、太陽や月や星々の組成、生命や気候その他多くのものの進展について彼は思索した。自分が見るすべての事物を説明するために、類似したイメージと考えを用いた。だがある意味では、彼が見なかったことは、彼が見たことよりさらに重要である。自然についての最善の説明は直接観察できるものに常に頼ることができるのでなく、ずっと深く掘り下げなければならないこともあると、彼は気づいていた。タレスの水のかわりにアルケーすなわち根本要素として措定されたのは、何か見えないものだった。タレスの哲学が科学的思考に必須の一面、すなわち観察できる現象を単純化し還元したいという衝動を明示しているとすれば、アナクシマンドロスの仕事が付け加えて例示したのも同じく根本的側面である。すなわち、目にする以上に多くのものが世界には存在すると科学は述べるということである。

アナクシマンドロスの根本要素の名前はト・アペイロンつまり「無限なもの（the indefinite）」であり、それはまず第一に「無限定な（indeterminate）」を意味した。その語は「無限（the infinite）」と訳されることがあるけれども、それではアナクシマンドロスの言うことが必要以上に神秘的となってしまう。ちょうどホメロスが海洋をアペイロンだと記したように、世界の原料が「莫大な」という意味で限りがないと彼が考えたことは疑いない。しかしアナクシマンドロスにとって最重要なのは、何であれ根本要素がそれ自身の観察可能な性質をまったくもたない何かであり、観察可能な現象がすべて根本要素によって説明できるということだった。

観察可能な事物は、反対対立者——たとえば温と冷、湿と乾——として生じがちであり、彼が構成《エレ》要素《メンツ》と呼ぶこれらのものは戦争状態にありがちであることに、アナクシマンドロスは気づいていた。それらは「時の裁定に従って、交互に不正に対する罰を受け、償いをする」と彼の唯一残存する言葉で言われている通りである。彼の考えは、諸事物が互いに侵害しあい（「不正」を犯し）、時が審判の役割を果たす間に、交互に犠牲者となり攻撃者に復讐する、というものであったようである。たとえば、闇と光がおおよそ等しい鞭の打撃をもつようにと、時は定めている。われわれは、昼と夜の整然とした連続のうちにこの特定の闘争の結果を見る。他にも闘争が、宇宙規模のジャンケンにおいて常時進行しつつある。火が水を蒸発させることによって攻撃する時があるし、水が火を消すことによって逆襲する時もある。

闘争しつつある諸要素という考えはアナクシマンドロスに最初に現れるが、西洋文学のうちにたびたび再登場する。たとえばミルトンの次の句だが、他にも無数にある。

温、冷、湿、乾という激しい四つの闘士が
ここで勝利を目指して抗争する

しかし温、冷、湿、乾は無限定なアペイロンからいかにして出てくるのか。アナクシマンドロスは、ある種の「分離」過程が関係しているという以上のことは言えなかった。彼の理論では幾つかの問いが答えられないままになるかもしれないが、しかし少なくとも他の幾つかの問いを扱おうという試みではある。アナクシマンドロスにとって、万物が未完成の無限定なかたまり《マス》からどうにかして発展したと想定することの利点は、そうすることが、タレスや、通常の構成要素の一つが存在する事物の「原理」だと考える誰をも悩ませたに違いない謎と取り組もうとする点にある。その謎とは次のようなものである。すなわち、もし万物がかつては水であったのなら、火はいかにして生じえたのか。火は誕生時には消されていたのだろうか。アナクシマンドロスの解決は、基本的な反対対立者は無限定者からともに生まれたし、闘争する諸実体のどれ一つにも反対者に比して不当にも有利な滑り出しは認められないと述べるものである。

より詳細には、宇宙の誕生についてのアナクシマンドロスの物語は以下のようになっていた。温と冷という基本的反対対立者を含んでいる何らかの卵か胚か種が、無限定なアペイロンから分離した。この種は、火の環《リング》に取り囲まれた冷たく湿ったかたまりに育ってゆき、冷に対する温の衝撃が、両者間に暗い霧を生じさせた。冷は大地となり、火は星々を形成した。大地は平らな円盤、もしくはひょっとすると円筒であるが、球でないのは確かである。そしてかなり奇妙だが、太陽と月と星々も球でないのみならず、大地の周りを回転する火の輪であり、どの火の輪も霧のうつろな環に囲まれている。これらの環には呼吸のための穴があり、そこから火が姿を現している。こうして霧の各環は、火を一杯に注入した自転車のタイヤ内部の、穴をあけたチューブのようなものである。空の光を眺めるときにわれわれが見るのは、実際はそうした穴なのである。そして蝕は、穴のどれか一つがしばらくのあいだ塞がれたときにわれわれが見るものなのだ。

この説明に基づくと、約束どおり、目にするより多くのものが宇宙に存在するのは確かである。天体についてアナクシマンドロスが描く像は、彼がどのようにそれを描くに到ったかを再構成してみれば、少しは奇妙さが薄れる。環としての星々と考えるよう彼を導いたのは、皮を脱ぎかえて育ってゆく木のイメージであったかもしれない。明らかにアナクシマンドロスは、冷からの温の当初の分離において炎の殻が大地の周りにいかにして形成されたかを説明するために、そうしたイメージを用いている。この像を彼が心に抱いているとすると、諸天体が環の形をしていると彼がいかにして考えることができたかが理解しやすくなる。大地は諸天体を外皮のように脱ぎ捨てたのであり、こうすれば少なくとも諸天体が何に由来するかを説明することになる。そのとき説明のために彼に必要だったのは、諸天体がなぜわれわれには光の点あるいは球として現れるかだった。これについての彼の説明が、呼吸する穴の理論だったのだ。

アナクシマンドロスの宇宙論にはもう一つ想像力に富むアイデアが存在し、それが注目に値するのはその見かけの奇抜さでなくてその洗練の故である。大地は――水のであれ他の何のであれ――何らかの種類のクッションを支えとして必要とすると、彼は考えなかった。彼の考えでは、大地は球状の宇宙の中心に静止しており、他のすべてがその周りを巡っており、大地がなぜ空間を落下しないかというと、このように大地が中心を占めているからなのである。アリストテレスが(自身のではなくアナクシマンドロスの見解を記述して)説明するように、大地は平衡によってその位置に保たれる。

すなわち中心に据えられ、周縁に対して均等一様であるものは上方か下方かあるいは左右両横のいずれかへ運ばれるほうがより相応しいということは少しもない。だがまた反対方向へ同時に動くことも不可能である。したがって必然的に留まっているというのである。

こうして大地は、有名な「ビュリダンのロバ」に似ている。そのロバは二つの干し草の間に正確に等距離に位置して、どちらを食べたらよいか決定できずに、中間で餓死した。アナクシマンドロスのこのアイデアは幾つかの点で高度なものである(ここでの目的のためには、特に大地が事物の中心にあるという前提において、このアイデアがまったくの間違いであることは問題にならない)。まず、それは喜ばしくも数学的である。パートナーが自分を捕まえに弧を描いて動くことを確信して、空虚な空間に跳躍するブランコ芸人のように、アナクシマンドロスは勇敢にも物質的支えの領域を踏み越え、大地を捕まえるために数学的アイデアを信用したのである。ここにはまだガリレオやニュートン式の運動法則はない。そうした法則が、詳細にわたる計算の主題となりうるように対象を一定のコースに保つのだが。しかし普遍的原理がここにあるのであり、それは大地から宇宙の端までの等しい距離を引き合いに出すかぎりで数学的であり、何か根本的なことを説明するために用いられている。無限定なアペイロンのように、アナクシマンドロスの平衡の原理は目に見えず非人格的であるが、しかし神々の一人と同じように強力である。このアイデアは他の自然主義者たちにはいささか新しすぎた。彼らは素早く大地に、腰を下ろすためのクッションを返却した。

アナクシマンドロスの物語がもつ整合性は強い印象を与える。地上での動物の生は、宇宙の誕生を説明したのと同じ「分離」過程によってもたらされると、彼に特徴的な非神話的な言葉で彼は述べる。ちょうど天体を包む原初の霧が冷に対する温の行為によって形成されるように、太陽の暖かさに刺激されることによって生命が湿から生じるのである。生きているものが暖かく湿った物質から自動的に生じうるという考えは、十七世紀になると顕微鏡のおかげで違うのではないかと疑われ始めたけれども、それまではほとんど普遍的に見られたし、十九世紀になってさえ生き残っていた。アナクシマンドロスはまた、最初の生物がとげだらけの肌で覆われていたと考えたとされるが、その肌もしくは木の皮という言葉は星々となる炎の殻の説明のときに用いられたのと同じ言葉である。物語全体が一様であり、それゆえできるかぎり単純であるように目論まれていた。

人間の到来についてのアナクシマンドロスの説明は、これまで考えられてきたほど先見の明があるわけではないが、巧妙なものである。彼は進化論を予見していたという神話がある。これを助長したのは、人間が別の種類の生物から発生したという考えを彼のものだとする、紀元後二世紀の有力な原典のうちにある所見その他である。残念なことに、アナクシマンドロスはダーウィンではまったくない。より詳しい説明が示唆するところでは、彼が心に抱いていたのは、最初の人間は、代理母としてふるまう魚もしくは魚のような生きものにくるまれて運ばれていたというものである。人という一つの種が魚という別の種から徐々に発展した、というのは彼の意味するところではなかった。彼をこの理論に導いたのは、人間は異例に長い間乳を飲むことを必要とし、その間独力で生活できないという観察と、最初の人間はそれゆえ自分だけでは生存できなかったろうという考えだったようだ。人間は魚に養われた後、自分の面倒を見ることができるようになると、この水の赤ん坊の第一世代は陸地に現れ、その後はそこで自分たちの子を育てることができたのである。

ミレトス派哲学者の伝統的系譜学におけるアナクシマンドロス自身の子孫は、この派最後の者アナクシメネスである。彼はアナクシマンドロスより二十五歳ほど若く、その経歴の最後は紀元前四九四年のペルシア人によるミレトスの破壊とたまたま一致している。都市は十五年後に再建されたけれども、その後は哲学ではなく羊毛で有名となった。

古代の哲学史家たちは、ミレトス派三人のうちアナクシメネスを最も偉大だと見なした。彼らの整然とした精神は、彼がこの派最後の者だったという事実から自然に、彼がその絶頂でもあると考えるに到った。しかし現代人の目には、彼は三人のうち最も重要でないと思われることがよくあった。彼はアナクシマンドロスほど愉快な想像力に富んでいないし、アナクシマンドロスの思索が跳躍したというのに、とぼとぼゆっくり進んでいるのみならず、とぼとぼ逆行していると思われるのだ。たとえばアナクシメネスは、平衡に関するアナクシマンドロスの、心得違いだとしても洗練されてはいた考えを無視し、物質的な何かが大地を支えているという見解へ戻った。ちょうど以前にタレスが水を選び、浮いている丸太のアナロジーを設けたように、風に支えられる木の葉との類推から、大地は空気に支えられていると彼は述べた。アナクシメネスはまた、アルケーすなわち世界の根本物質《ファンダメンタルスタッフ》の選択についても逆行しているようだ。タレス同様彼は、アナクシマンドロスの神秘的なアペイロンでなく、日常的な構成要素《エレメンツ》の一つを選んだ。しかしここでもまた彼は、タレスの水に対して空気を用いた。

諸要素の中で最も非物質的な空気になぜアナクシメネスはこんなに関心があったのか。答えは息と大きく関係がある。ギリシア人の精神内では息は生命と魂に結びついていた。アナクシメネスは、人間の魂と世界のアルケーとの類似点をはっきり示唆した。どちらも空気だと彼は言ったのだ。最初これは啓発的比較というより二重の謎だと思われる。空気がどうやって魂でありうるのか。またたとえそうだとしても、そのことが、岩や木が何からできているかという問いと何の関係をもちうるのか。

しかしアナクシメネスは外見ほど曖昧なわけでなかった。魂を表す言葉であるプシューケーは、当時かなり異なる含意をもっていた。精神と物質との間にはいかなるはっきりとした区別もまだ設けられておらず、魂は、生きている事物を生きたものとする物質《スタッフ》だと理解されていた。そうした物質があるとしたなら、息の一形式としての空気はもっとももな候補となろう。アナクシメネスは、空気を選んだ最初の者ではなかった。すでにホメロスにおいてプシューケーは、何より、英雄が死ぬときその口から逃れ出る生命の息だった。『イリアス』において風は、少なくとも馬の場合、雌を受精させ妊娠させることができた。

空気をある種の生命力と考えるなら、アナクシメネスの中心的考えが明確になる。初期ギリシア思想家は全員、世界は神々によって無から創造されたのでなく、どうにかしてそれ自体で成長し発展したという見解を共有していた。伝統的神話の神々は諸事物を形づくったが、しかし彼ら自身もまたそれからできているところの、先在する物質《マテリアルズ》を材料にしてそうした。したがって、世界の根本物質自体が成長し変化する力をもつ——すなわち、それが何らかの仕方で生命と関係がある——とギリシア人が考えたのは自然である。するとタレスは、水と生命との結びつきに注目した、と無理なく推測できる。つまり彼は植物や動物が水を必要とするという事実に感銘を受けたのだ。他方アナクシメネスは、空気と生命とのつながりに注目した。人々は息をし死体は息をしないという事実に、いっそう感銘を受けたのである。

すでに見たとおりタレスの場合、彼が信じたのが、すべてが水からできていることか、それとも水が最初に存在しどうにかして他のすべてを生じさせたことだけか、確定できない。アナクシメネスについてはずっとはっきりしている。彼は、すべてが空気からできていると確かに考えたし、いかにしてかを説明しようとさえした。今日に到るまで彼の後継者の幾人かを感心させてきたのは、この試みられた説明の仕方である。科学的説明の基本形を発見した功績が彼にあると考えるに到った人さえいた。これは、木々や巨石その他すべてが希薄な空気からできているという立場をはっきり取る人に与えるには奇妙な名誉だと思われるかもしれない。

実際は、木々と巨石は空気からできているが、その空気は希薄なだけではないという点が、アナクシメネスにとって決定的論点である。空気は、どのように希薄化されたり濃厚化されるか次第で様々な形になる、と彼は考える。最も希薄化されているのは火である。ついで通常の空気となり、これを濃厚化すれば風となる。さらに濃厚化したのが雲である。ついで順に水、大地、石となる。われわれが呼吸する大気中の空気は、ある意味でこの実体の自然な状態であり、他の形はすべてその状態へと戻ってゆく。しかし、それは常に運動状態にあることによってかき乱されており、それが故にある場所では他よりも空気が多く存在し、そうした場所の空気をより濃厚にしている。このように、空気の運動によって引き起こされる濃厚化と希薄化は、アナクシメネスの世界における変化の原動力である。それらは温と冷、湿と乾、固体と非固体を説明する。これは、無限定なアペイロンから異なる諸要素が現れるのを説明する際アナクシマンドロスが用いる、説明し難い「分離」に対する改善となっているのである。

この物語にある重要な新しさは、アナクシメネスが質や種（quality or kind）の違いを量や数（quantity or number）の違いに依存させる点である。構成要素の多様性は、そこに詰め込まれた空気の量の変化によって説明される。変化に富む世界の差異をそうした量的概念へと還元するやり方は、アナクシメネスから今日の科学者へと多かれ少なかれ連続して伝わっているものである。しかし、自然という本が数学の言語で書かれているという、その背後にある考えは、十七世紀のガリレオとニュートンになるまで十分に表現されることはなかった（ピュタゴラス主義者たち――次章の主題――には、この考えの、さらにいっそう印象的な予期が存在する。彼らはすべてのものに数を見たので、自然のうちにも数を見た）。

アナクシメネスの物語の残りの部分は、ガリレオやニュートンと似ているようには全然聞こえない。三世紀ローマのキリスト教護教論者ヒッポリュトスによると、

天体は、他の人々の考えるように大地の下を動くのでなく、ちょうどフェルト帽が頭の周りで回転するように大地の周りを動く、と彼は言っている。また、太陽が隠れるのは大地の下にあることによってでなく、大地の高い部分に覆われることと、われわれからずっと遠ざかることによってである、と言っている。

アナクシメネスは世界を、ちょうど現代のプラネタリウムであるかのように考えた。プラネタリウム

に座りわれわれは、頭上を動く星々のモデル付きのドーム型天井（アナクシメネスの「フェルト帽」）を見上げるのである。大地同様太陽と星々も平らであり、このことによってそれらは風の中の木の葉のように漂うことができる。それらは火のような物体だといわれ、大地から蒸発する湿気の形で生じたが、次第により希薄化され、ついには爆発し炎となった。太陽——炎をあげて燃える最大の葉——が北の山々の陰に消えるとき、暗い夜がやって来る。

またアナクシメネスは、希薄化と濃厚化という新しい道具を、天気を記述するために用いようとした。天気は、海洋国ミレトスの人々には人気のある話題だった。だが彼は最後にはアナクシマンドロスとまったく同じようなことを述べることになった。雷鳴と雷光は雲に閉じこめられた風が激しく脱出して起こるというアナクシマンドロスによる説明を、彼は受け継いだ。このアイデアは、アリストファネスの『雲』の中で紀元前五世紀後半に風刺された。

ストレプシアデス　よしそれなら、いったい稲妻は何ですかい。

ソクラテス　乾いた風が上昇して、雲の中へ入って閉じこめられる場合、それは内部から雲を、ちょうど膀胱《ぼうこう》のようにふくらます。そうすると必然に、それは雲を破って外へ出ることになるのだが、密度が厚いために、その勢いが激しくなる。そしてその運動の激烈さ猛烈さから、自分で自分を燃焼することになるのだ。

ストレプシアデス　それは本当だ。とにかくわしも、いつかディアシアの祭に、ちょうどそんな目にあったからね。あれは腸《はらわた》を家の者たちのために焼いていた時だが、うっかりして切れ目を開けないでおいたのだ。だもんで、これがふくれてきて、それから突然破裂したのだ。わしの両方の眼玉へじかにぶつかって来てさ、わしの顔は糞でよごされ、火傷《やけど》をするという始末だった。

ソーセージの破裂はそうではないけれども、雷と地震はまさに神話作者たちが神々の行為を援用して説明したような事柄である。イオニアの詩人たち、ホメロス、ヘシオドスの著作では地震を引き起こすのは「轟音とどろかす大地を震わす神」ポセイドンだった。しかしアナクシメネスにとって地震が引き起こされるのは（アリストテレスに従えば）次の場合だった。

大地がびしょぬれにされ乾かされることによって真っ二つに割れ、そのように割れて落ちた先端によって揺さぶられる。それゆえ地震は干ばつのときも過剰な雨のときも生じる。というのも、干ばつには……大地は乾き、ひび割れるし、水によって過剰に湿り気を帯びるとぼろぼろに砕けるからである。

このようにして自然主義、すなわちピュシキの世界観によってポセイドンは余計なものとされた。ギリシア人が本当はどんな意味でポセイドンを信じていたかが疑問に思われるかもしれない。この問いは興味深い――おそらく、宗教的信念に対しては今日と同じだけ広い範囲の態度があっただろう――が、それはここでは関係がない。ポセイドンその他の神々を信じていた人で、地震等々の事柄について自然な説明があるという可能性を心に抱いた人がいたにせよ、事実として、ミレトス人より先にそのような説明を実際に思いついた人は、われわれに知られていない。

ミレトスの衰退とともに、哲学的活動の拠点はしばらくの間南イタリアのギリシア植民地へと西方に移動した。その際それは、大きな変化を遂げた。天気についての冷静な考察は魂の運命に関する、また適切な生き方に関する黙考に取って代わられた。こう聞けば元気づく読者もいるだろう。こうした主題は、哲学の一般的捉え方により適合しやすいからだ。しかし西方におけるピュタゴラスと彼の弟子たちへと移る前に、ミレトス人たちは比較検討するに値するし、なぜ彼らも哲学者と呼ばれる権利があるのか説明する方がよい。

紀元前三世紀のアルキメデスやユークリッドはもとより、たった百年後のヒッポクラテス派の医者たちと比べても、ミレトス派の方法はひどく未熟であった。逆説的なことに、だからこそ彼らは哲学者と見なされる。科学的思考はほとんど生まれていなかったが、それでも彼らは諸事物の自然的原因を大胆にも探索した。こうして彼らは、従来の世界像が可能だと示唆するよりずっと深く掘り下げようと試みた。この試みをなしたという事実、また自分たちの鋤《すき》として理性を用いたという事実が、彼らを哲学者とするのである。

理性の使用は信仰に基づく行為だった。宇宙を支配する非人称的法則が存在しないか、もしくは理解の範囲外にあるなら、それを記述しようとすることはほとんど意味がない。ミレトス派は、そうした法則が存在し精神がそれを理解できることを、単純に想定した。自然のうちにある理解できるパターンへのこの信仰が報われたのは、生命や蝕や雷などの事柄についてよい説明だと彼らに思われたものを思いついた時である。「時の定めに従って、たがいに、不正に対する罰をうけ、償いを支払いあう」諸要素についてとその「必然性」についてのアナクシマンドロスの話は――いささか詩的な言葉ではあるが――理解可能な法則に支配された世界への、ミレトス派が新たに見出した信仰を例証している。

そうした信仰がはっきり述べられたのは、そう後のことではなかった。コスのヒッポクラテス（紀元前四六〇頃～三七〇頃）の周りに集まった医者たちは、新しい自然主義をきっぱり誇示した。彼らは、「神聖病」と普通呼ばれていた癲癇《てんかん》について次のように述べた。

神聖病と呼ばれる本病もほかの諸疾患と同じ原因に由来するもので、体内にはいる物質と体内から出ていく物質、寒冷、太陽、たえず変化して静止しない風によって生じる。……本病をとくに区別してほかの疾患よりも神的である、とみなすべきではない。すべてが神的であるとともに、すべてが人間的なのである。各疾患は固有の性質と固有の力をもっており、絶望的なものも不治のものも存在しない。

彼らは世界を、神的で不可解なものと自然的で説明可能なものとに二分しなかった。ミレトス派と同様、彼らもすべてが説明できると想定したようである。

ヒッポクラテス派の医者たちは事実を比較的注意深く観察し、検証不能なものを疑問視した。対照的にミレトス派は、不名誉にも、自分たちの思索を検証することに関心がなかったと言われることがある。ここには真実もあるが、だがたとえばアナクシメネスがある種の実験を行ったという証拠もある。彼の実験は完全に失敗だったが、それは無関係だ。（本当らしい説明としてパラフレーズすると）彼は、もし唇をすぼめて口を小さな穴にして手に吹きつけるなら、息は冷たくなるが、大きく開けた口から息を吐き出すなら息は熱くなる、と言った。この事実は、希薄化と濃厚化の理論をはっきり支持する。その理論によると、圧縮された空気はより冷たく、希薄化された空気はより熱いとされていたのである（実際は圧縮された空気の方が熱いのだが、しかしこの「実験」ではずっと素早く手を通り過ぎるので、手はより冷たくなる）。

手を暖めることによって自分の宇宙理論を支持するというアナクシメネスの試みは、規則の真偽を試す例外である。一般にミレトス派は実験に手間取らなかった。そうだったことは何ら驚きでない。彼らのお気に入りの探究領域——天、気候、諸事物の起源——は、まさに実験に不向きだったからだ。激しい雷雨や沈みつつある太陽は、そうそう簡単に操作したり解剖できない。そうした謎に直面してミレトス派は、その最も得意とするところのことを行った。つまり、何であれ手近にあるアナロジーと観察を用いて、謎を考え抜こうとしたのだ。彼らの興味のありかを考えると、もう少しばかり実験を行うことを思いつくことができさえすれば彼らがずっと先まで進めたとは考えにくい。

より深刻な批判は、これはミレトス派とヒッポクラテス派の医者たちの両方に対してなされうるが、より優れた知識をもつという彼らの主張が大方のところインチキだったというものである。たとえば上に引用したヒッポクラテス文書の著者は、癲癇の原因が、頭から血管へと流れて空気の通過を妨げる粘液であると考えた。こうして彼は、癲癇を治療しようとして魔術を用いるニセ医者たちを叱るけれども、彼自身もうまくいっていたわけではない。全体として、自然主義の最初の提唱者たちの注目すべき点は、彼ら自身の説明の詳細にあるというより、自然についての神話的説明を固く拒否したところにある。

後のイオニア人の多くが世界の新しい見方を何とか堅持しようとできたわけではない。明らかに、まだ説明できないことがあまりにも多かった。ヘロドトス(紀元前四八五〜四三〇頃)を例に取ろう。彼はふつう歴史の父と呼ばれ、より冷淡に嘘の父と呼ばれることもあるが、ミレトス派の精神における事実の探究者として正当に引き合いに出される。しかし、ナイル川の氾濫を説明する試みのような比較的自然主義的な文章や、幾つかの超自然的物語に対する頑固な懐疑主義と並んで、神話を作るテオロギ(theologi)のやり方へと彼は定期的に逸脱してゆく。たとえば、デロスでの地震は神々から送られた警告だったと彼は言っている。ピュシキの狭くて懐疑的な道からの逸脱の印となるのは、単なる神性への言及なのではない。アナクシマンドロスとアナクシメネスもそれぞれがアルケーとするものを神的なものとして言及したと言われるが、現代の読者はそのような発言にあまり多くを読み込むべきでない。当時何かを神的だと見なすためには、それが運動を生じさせることができるという意味で生きており、決して死なないこと以上は必要なかった。現代の注釈者の一人の述べる通りである。

「世界で働くのが見られるいかなる力も、われわれとともに生じたのでなくわれわれが滅んだ後も存続するなら、神と呼ばれえたし、そうしたもののほとんどがそう呼ばれていた。」ヘロドトスの罪は、神性についての話が彼の口から漏れ出たことにあるのでなく、自然の出来事の全原因として、宗教的信仰の対象にふさわしい神秘のうちに包まれた人称的存在者を彼が導入した点にあった。これは、タレスとアナクシマンドロスとアナクシメネスが行うのを決然と拒んだことなのである。

ミレトス派とヒッポクラテス派の医者たちが、神話や神聖な疾患に関する迷信に妨げられずに、このように新しい仕方で自然を見るに到ったのはどうしてか。正確には誰にも分からない。アリストテレスは、最初の哲学者たちについて重要なのは、彼らには自由になる余分の時間があったことだと考えたけれども、それは説明の一部であるにせよ、それで全体の話にはなりえなかったろう。それとは別に、彼らに関する三つの事実がたぶんより適切だろう。第一に、イオニア人（特にミレトス人）は実際的な人々だったし、天文学者や地理学者や船乗りや土地測量技師としての自らの技術《スキル》を発展させることに熱心だった。空想的神話のために割く時間は彼らにはほとんどなかった。第二に、勤勉な貿易業者として彼らの多くはよく旅をしており、沢山の外国人に出会ったか、少なくとも外国人について聞き知っていた。外国人は別の神話と迷信をもっていることが多く、こうしてイオニア人のうちには自らの信念を懐疑的に熟考しようとする者が現れた。第三は、彼らが宗教に対して比較的自由に思考する態度をとったことである。イオニア人には正統的な神々、すなわちホメロスに見られるオリンポスの神々がおり、彼らに捧げられた神殿があった。だが全体としては、彼らは格別熱狂的な信仰者ではなかったようだ。トラキアや西方へと発展していた多くの秘儀宗教や民俗宗教の信奉者たちに比較すると、ミレトス人はほとんど不可知論者と言えそうだ。自然主義が最初発生したのがこのような環境においてだったというのは、どうみても単なる偶然ではありえない。

ことによると、競争的な公的論争が普及していたことも、いかにして自然主義が、それゆえ哲学が、ギリシアにおいて生じたかの説明の一助となる。ギリシア都市国家の市民たちは議論好きなことで有名だった。ギリシア人は代弁《アドボカシ》と批判《クリティシズム》を最も高貴な言語使用法だと考えたようである。アリストテレスは、「人間に独自な言葉は、利と不利を、したがってまた正と不正を表示するためにある」と述べた。少なくとも幾つかの都市国家において、討議の道具が最終的に自然研究へと向けられたのは、決して奇跡ではない。また、最初の哲学者たちが声高に話し忠告したとき、それが徐々に増加しつつあった読み書きのできる聴衆の耳に対してだったことも注目に値する。アルファベット表記はギリシアで最初紀元前八世紀頃生じ、紀元前六世紀には広く普及しつつあった。このおかげで、語りえるすべてのことが簡単に書き留められるようになったが、われわれがこのことの新しさを正しく理解するのは困難である。あらゆる種類の信念や神話や理論や物語が明示されることとなり、物語を語る、文字以前の文化においては考えられなかった仕方で、神話その他を吟味し批判できるようになった。ミレトス派には欠点もあったけれども、彼らはこの機会を利用しようとした最初の人々だったと思われるのである。

2　世界の調和――ピュタゴラス派

ピュタゴラスに関する話は、金くずが磁石に引きつけられるように、彼のところまで飛んできて、くっつく。たとえば彼は、幾つかの場所に同時に現れたし、何度も生まれ変わったと言われた。文字通りに取れば、この考えは、彼の腿《もも》が黄金だったという物語などで一杯になっている容器に入れることができる。だが比喩的に取ると、それは控え目な言葉である。ピュタゴラス――あるいは少なくともピュタゴラス主義――はいたるところに存在したし、今も存在する。

学童さえ彼の名前に少なくとも一度は出会っていそうだ。すなわち、(直角三角形の辺の長さに関する有名な定理のため)幾何学においてと、シェークスピアにおいてである。

道化　野生の鳥類に関するピュタゴラスの見解はどうかな?

マルヴォーリオ　死んだお祖母《ばあ》さんの魂がひょっとしたら鳥に宿っているかもしれぬ、という説でございます。

道化　その見解をお前はどう思うかな？

マルヴォーリオ　魂は高貴なものだと思いますから、彼の見解には賛成いたしかねます。

道化　さらばじゃ。いつまでも暗闇の中にいるがよい。わしがお前を正気だと認めるためには、お前はピュタゴラスの見解を受け入れねばならぬぞ。あの馬鹿鳥の山しぎといえども殺してはいかん。お前のお祖母さんの魂を殺すことになりかねぬからのう。さらばじゃ。

三角形と魂の輪廻とではまだ十分変化に富んでいないかのように、数の「平方《スクエア》」や「立方《キューブ》」のような数学的表現を用いる時、「天体の音楽」という詩的イメージに出くわす時、ありふれた心配事を超越しようとする知恵の愛好者という一般的意味で「哲学者」を用いる時はいつでもピュタゴラスに出会う、と言うこともできよう。さらには、最も影響力のあるプラトンの説の幾つかは、ピュタゴラス的考え方に合わせて形づくられた。

バートランド・ラッセルは『西洋哲学史』のピュタゴラスに関する章で上の『十二夜』におけるやりとりを引用する際、ピュタゴラスが「魂の輪廻と豆を食べることの罪とを主要な教義とする」宗教を創設した、とおどけて述べている。ラッセルが豆の重要性を誇張したくなったのは分からないでもないが、一般に彼はピュタゴラスを矮小化しなかった。それどころか、彼はピュタゴラスが「かつて生きた中で知的に最も重要な人物の一人」だと書いた。ラッセル自身しばらくの間幾つかの点で情熱的なピュタゴラス主義者だった。このことが、あるいは彼の過大評価を説明するかもしれない。

ピュタゴラスは、学校の問題集からバートランド・ラッセルの精神まで、いたるところにいるとしても、彼はまたどこにもいない。彼が言ったり書いたりしたものは何一つ残存しない（少なくとも彼の名前では、残存しない。神話的歌手オルフェウスに帰される前六世紀の幾つかの詩が、実は彼によるものだという可能性はある）。ピュタゴラス派についての古代の説明では、ピュタゴラス自身の思想を彼の弟子たちのそれから区別することはできない。その主な理由は、ピュタゴラスによって生じた新興宗教の信徒会のメンバーたちは、彼らが見つけたものは何でも師その人に帰するのが最適だと考えたからである。また、ピュタゴラス派自体が自分たちの学説を秘密として守り、入会者にだけ開示されることを誇りとしていたからでもある。そうした秘密主義はある程度継続したけれども、その継続は間接的な仕方でだった。つまり、秘密主義がピュタゴラス派について、情報に基づかない無駄口をあまりにも多く引き起こしたので、ぶんぶんうなるゴシップの雲のただ中で真のピュタゴラスの声を聞くことはほとんど不可能となったのだ。

次に挙げるのは、ピュタゴラスの生涯について古代に書かれた、矛盾する雑学的知識《トリヴィア》の典型例である。

彼は、（食べもののなかでは）何よりも特に、赤ヒメジやメラヌゥロスを食べることを禁じていたし、また動物の心臓や豆も控えるように命じていた。なお、アリストテレスによると、時には動物の子宮やホウボウも控えるように命じていたとのことである。また、ある人たちの言うところによれば、彼は蜂蜜だけで、あるいは、蜂の巣ないしはパンだけで満足していて、昼間はぶどう酒をたしなむことはなかったという。また、おかずはたいていの場合、野菜の煮たのや生《なま》のものですませて、海のものを食べることはごく稀であった。……彼が犠牲に捧げたのは、いつも無生物であった。もっとも、ある人たちによれば、彼は雄鶏や雄山羊や、いわゆる乳離れしていない仔豚だけを犠牲に捧げたのであって、仔羊を使うことは決してなかったとされている。しかし、アリストクセノスによれば、彼は他のすべての生きものを食べることを許したが、ただ耕作用の雄牛や雄羊だけは控えさせたとのことである。

彼の食餌法《ダイエット》は、古代において最もよく論じられた食餌法だと言って間違いない。それについて最も信頼の置ける説によると、彼はベジタリアンであり、このことは人々が時に動物の形に生まれ変わる（あるいはマルヴォーリオが言うように、われわれのおばあさんの魂がことによると鳥に宿っているかもしれない）という彼の考えの帰結だった。

ピュタゴラスの食餌法と彼の幾何学との間には何ら結びつきは存在しないけれども、ピュタゴラス主義の科学的側面と神秘的側面は全体としてぴったり適合している。それらについて説明する前に、ピュタゴラスの生涯と学派をとりまく状況について知られていることを、手短に述べよう。そこには少し貴重なものがある。

彼は紀元前五七〇年頃生まれ、約七十年後に死んでおり、アナクシメネスの同時代人だった。ミレトスのちょうど北西にあるサモス島で生まれた彼はアナクシメネスと同じくイオニア人だったけれども、四十歳頃南イタリアのギリシア植民地へと向かい、残りの生涯をそこで過ごした。移住した頃には既に禁欲的賢人として名声を得ていた。かなり生真面目な精神の持ち主であるピュタゴラスと弟子たちがサモスを追放されたという証拠は存在しないが、ふしだらな僭主的支配者ポリュクラテスのもとで繁栄が退廃《デカダンス》へと向かいつつあった都市を彼らが立ち去ったことは、ほとんど驚きではない。だが、何か本当の迫害が後になって確かに生じた。南イタリアのクロトンに落ち着いて学校を設立した時だ。ここでピュタゴラスと弟子たちは、その都市の政治において指導的役割を果たした。とはいえ、正確に彼が何を行ったかとか、二十年間重要な地位にあった後なぜ彼に対する暴力的反乱が起こったのかははっきりしない。紀元前六世紀から五世紀へと移り変わる頃、クロトンと近辺の都市の主要なピュタゴラス主義者の多くは狩り集められ殺された。ピュタゴラス自身は追放された。ある歴史家の示唆によれば、ピュタゴラスに対する明白な敵意が助長された原因の一つは、「豆を控えることに意味があるとし、犬の吠え声に別れた友人の声を認めたから犬を打ってはならないとするような、たぐいまれな空論家の一味に法律制定を任すことに、当時の普通の人が感じたいらだち」だったに違いない。

反乱後ピュタゴラスは放浪し、最後にはおそらくタレントゥム湾のメタポントゥムにたどり着いた。ピュタゴラス的社会はすぐに再び繁栄し、南イタリアへとさらに拡がっていった。しかし紀元前五世紀中頃、また別の、いっそうひどいピュタゴラス派粛正があり、彼らの多くはそのときちりぢりになりイタリアを去り、ギリシアへ向かった。ピュタゴラス主義のこれらのさし穂は植え替えられ、新たな土壌で様々な形を取ったが、弱体化も始まった。紀元前四世紀の初めまでにはほとんどすべてのピュタゴラス的社会が出生地のイタリアを去り、その世紀が進むにつれ彼らはいたるところで多かれ少なかれ死に絶えた。

だがその思想の影響は、主にプラトンを通じて成長し続けた。プラトンにはピュタゴラス主義者の親友がおり、その名をタレントゥムのアルキュタスといった。この人は思想家で数学者であるとともに政治家でもあったが、プラトンの有名な「哲人王」のヒントとなったようだ。アリストテレスは、プラトンの哲学はピュタゴラス派に「多くの点で従った」と――誇張してだが、からかってではなしに――書いた。現在では二人の哲学者を区別するのが困難なまでにピュタゴラス思想をプラトン主義が吸収したというのは、確かに正しい。たぶんピュタゴラスは、こんなにも優れた生まれ変わりを得たことを喜んだに違いない。

これから述べるピュタゴラス主義像は合成物である。ピュタゴラスその人の見解と弟子たちの見解との区別はおろか、その初期形態を後期形態から分離する試みもほとんどなされない。ピュタゴラス自身について言っても安全なのは、彼が霊魂転生説を信じたことと、数について少なくともかなりの興味を抱いていたことである。だが、彼についてこれ以外はすべて多かれ少なかれ根拠のない推測である。さらに、ピュタゴラス派の人々が皆似たり寄ったりだとわたしは主張するつもりである。実際は、科学的問いと知的問いに第一の関心がある人もいれば、ピュタゴラス派のカリキュラムの宗教的側面を形成していた、タブーや不明瞭な格言や迷信的な生活指針にふけっている人もいたのだが。二十世紀になってさえ、ピュタゴラスについてはまったく異なる二つの種類の関心が存在していた。一方にはウェルナー・ハイゼンベルクやカール・ポパー卿のような科学者や科学哲学者がいて、現代物理学にはピュタゴラスを思わせるところがあると主張する。他方、錬金術やドルイド僧や占星術に関する著作を含むシリーズの一冊としてピュタゴラスに関する本が出版されている。これら二つの側面を結合させるには、ピュタゴラスのような格別に大胆な精神を必要とした。

二つの間の結合が最も簡単に見て取れるのは、霊的救済というピュタゴラスの新しい概念《コンセプション》である。これは次のようにパロディ化できよう。永遠に生きたければ数学を研究せよ、と。もっと真面目にこの概念を理解するためには、まず、オルフィック教の宗教思想について幾らか知る必要がある。

とはいえ、オルフェウス自身やオルフィック教の歴史について知る必要はまったくない。これで問題がないのは、どちらについてもよく知っている人など一人もいないからだ。オルフィック教やそれに言及する古代の原典は、通常、霊魂転生に関する信念と、満足のゆく死後を送るために魂が浄めを必要とするという、トラキア起源の考えをほのめかしている。ある人々はピュタゴラスの時代までにすでに書き記された、オルフィック教の詳細な公的教説が存在したと考える。また、オルフィック教思想は当時まったく流動的であり、数百年後まで固定されなかったと考える人々もいる。いずれにせよ、ここでわれわれが関心のある諸観念は、ディオニュソス神話の一ヴァージョンのうちにすべて表現されている。様々な形態のオルフィック教も一致してこのディオニュソス神話を崇拝していた。

関連する神話に従うと、ディオニュソスは、ゼウスとペルセフォネとの間の、二重の近親相姦的結合の結果生まれた(二重というのは、ペルセフォネ自身がゼウスと彼自身の母との間の結合の結果生まれたからである)。ゼウスはディオニュソスを世界の支配者としたが、不運なその子をティーターンたちが殺して食べ、それをゼウスが雷電で打った。ティーターンたちの灰から人間が生じ、それゆえ人間は玉石混淆の者となる。つまり消化されたディオニュソスが灰の中に残されていたので、彼にはよい部分がある――実際、神的である。しかしまた、灰はティーターンたちに由来し、したがって人間はティーターンたちの邪悪な所業によって汚れているから、人間には悪い部分がある。これら二つの汚れた要素と神的な要素は、人間の死すべき不純な肉体と、不死なる魂とに対応する。厳しい浄化だけが、受け継がれた汚物より上に上昇する助けとなりうる。そして死は、肉体から完全に解放される唯一の希望を与える。肉体は魂を閉じこめる牢獄と見られている。とはいえ、浄化されていない魂は死後にものすごく罰せられるから、死が、小敵を逃れて大難に陥るケースとなるときもある。

この神話が、オルフィック教的な詩と碑文の主意とイメージを提供する。それはいわば、オルフェウスがその予言者と見なされる宗教の聖なるテキストである。ちょうどオルフィック教がディオニュソス、またの名をバッコスのカルト宗教の、より知的なリバイバルである――前者は後者よりずっと抑制がきいていた――ように、ピュタゴラス主義はオルフィック教のより知的なヴァージョンだと理解できる。

ディオニュソス崇拝において、宗教的儀礼がもつ主な目的は（セックス、酒、暴力あるいはこれら三つの組合せへの）耽溺で有名なイニシエーションと儀礼によって神とのある種の結合を達成することだった。オルフィック教においては儀礼はずっと儀式ばっており行儀がよく、放縦よりも克己に関わっていた。しかしそれは依然としてだいたい訳の分からない言葉だった。オルフィック教の信奉者たちについて、もしくは少なくともある人々が彼らをどのように見たかについての珍しい記述がエウリピデスの悲劇『ヒッポリュトス』に見られる。この劇が書かれたのは、ピュタゴラスの死から七十年ほどたった頃である。テセウスは自分の非嫡出子ヒッポリュトスに対して怒りを向けるとき、次のように嘲って言う。

さあせいぜい得意になって、精進物しか食わぬというのを看板に、オルフェウスを教祖と崇め、訳のわからぬ経文を有り難がって、聖人面をしているがよい。貴様の正体は見とどけたぞ。

オルフィック教のピュタゴラス版では、新たなひねりが加わっている。すなわち、清浄と、神的なものとの再結合は観照《テオリア》と探究の生活を行うことによって達成可能となる。哲学者ヘラクレイトス（紀元前五四〇頃～四八〇頃）によるとピュタゴラスは「すべての人間に抜きんでて知識探究にいそしんだ」。多くのことが探究されたが、しかし数学が特に価値があると考えられた。よきピュタゴラス主義者は何よりも数と幾何学と天文学と音楽を研究すると考えられた。そのそれぞれが宇宙における秩序原理のある側面を明らかにしたからである。

ピュタゴラス主義者たちは、実際上の報いのためでなくて利害を離れた知識のためだけに自然探究がなされるべきだと考えた。キケロが描く次の物語が示すように、彼らは、それ自身のために知恵を愛することを意味するのにフィロソフィアという語を最初に用いたようである。

> レオン［南東ギリシアにおけるピュタゴラス主義の中心であったフィリウスの支配者］は……ピュタゴラスに、彼が最も信頼を置く技術《アート》の名を挙げるように求めた。しかしピュタゴラスは、自分にはいかなる技術の心得もなく、自分はむしろ哲学者であると述べた。レオンはその語の新奇さに驚き、哲学者とは何者かと尋ねた。……ピュタゴラスは……人間の生は、最も壮麗な競技で祝われる祭礼に似ていると思う、と答えた。……というのもこの祭礼においてある人々は……輝かしい栄誉の冠を勝ち得ようとし、別の人々は売買によって儲けるという見込みに魅力を感じるが、他方また一定の人々もいて、彼らは最善のタイプの自由人であり、彼らが求めるのは賞賛でも利得でもない。彼らがやって来るのは見物のためであり、彼らは何がなされるかとどのようになされるかをじっくり観察する。さてわれわれもまた、あたかもどこかの町から一種の人の集まる観物へとやって来たかのように……この生へとやって来たのであり、野望の奴隷となった人々もいれば金銭の奴隷となった人々もいる。そして特別の少数者もいて、他のことはすべて大したことと考えずに、自然の事物をじっくりと調べるのだった。これらの人々が自らに愛知

者の名を与えた（というのも、これが哲学者という語の意味であるから）。そしてちょうど競技で最も真なる血筋の人々がまったく利己主義に囚われずに見物するように、生において自然の観照と発見が他の仕事すべてを遥かに凌駕したのである。

探究についてのピュタゴラス的な説明（特に、かなりピュタゴラス的になった際のプラトンの説明）に広く行き渡っている、紛うことなくオルフィック教的なテーマは、汚れた死すべき肉体とその感覚器官を通じて世界について知りうることと、魂によって獲得できるより高度なより純粋な知識との間の対比である。これは、紀元後五世紀に書かれた、幾何学へのピュタゴラスの関心についての一記述に見ることができる。

ここでわたしは、わたしの言いたいことを表現するための便利な句をもってさえいたピュタゴラス派を見習う。つまり「図形と小銭でなくて、図形と壇」であり、彼らがこの句によって意味したのは、研究に値する幾何学とは、新しい定理のそれぞれにおいて、上昇するための壇を設置し、魂が「諸感覚によって知覚される物理的対象」のうちに下降し、そうしてこの死すべき生の一般的必要に盲従するようになるのを許すかわりに、魂を高く持ち上げるような幾何学だ、ということである。

言いかえると、たとえば古代エジプト人が土地測量のために行ったように、幾何学をありふれた目的のためだけに用いるなら、魂はこの世的身体という牢獄に閉じこめられたままである。しかし利害を離れた抽象的研究の対象として用いられるなら――つまり、どの定理が正しいかを見つけるために主として幾何学が行われるなら――、それは魂に逃亡手段を提供できもする。これは純粋な魂にとって価値ある気晴らしである。ピュタゴラス派の数学探究は最終的に、あらゆる種類の実際面において報われたけれども、それを企てようとした動機は主として道徳的もしくは霊的だった。宇宙の美と秩序だった配列を理解すると、その秩序と美にある形で参加することになる、と考えられた。要約すると、宇宙の偉大さを研究する人間には、その偉大さが幾らか受け継がれたのである。

ピュタゴラス派の真髄と見なされることになるこの考えを、プラトンの『国家』におけるソクラテスは次のように表現している。

じっさい、アデイマントス、いやしくもほんとうにみずからの精神を真実在のもとに置く者ならば、目を下のほうに向けて世俗事に気をとられる……ような、そんな暇などは、けっしてないだろうからね。いや、彼は、整然として恒常不変のあり方を保つ存在にこそ目を向け、それらが互いに不正をおかしおかされることなく、すべて秩序と理法に従うのを観照しつつ、それらの存在にみずからを似せよう、できるだけ同化しようとつとめることに、時を過ごすだろう。……したがって、哲学者は、神的にして秩序あるものと共に生きるのであるから、人間に可能なかぎり神的で秩序ある人となる。

二三〇〇年ばかり後にバートランド・ラッセルは、初期著作『哲学の諸問題』最終章において著しく類似したことを述べた。彼によると、哲学を学ぶ価値があるのは「何よりも、哲学の観照する宇宙がもつ偉大さを通じて、精神も偉大とされるし、宇宙との結合が可能となり、その結合が精神にとって最高の善を構成するからである。」

以上はすべてとても人を高揚させるようだ。しかし哲学者がその眼差しを注ぐと考えられるのは、正確には何に対してなのか。ピュタゴラス派にとって、それは明らかに、整然として調和した天の軌道を回転する諸天体だった。プラトンにとって、それは何かより抽象的なものとなった。天体はそれを象徴していた。すなわち、彼が観るのはイデアであり、この世の事物はそれの劣った写しなのだ（イデアについてはプラトンその人のところでより多くを語るつもりである）。ラッセルは知的生活の賞賛をただ単純に歌うだけで、その生活が正確には何を含むかについてはあまり明確でないようだ。これらの説明を結びつけるのは、何かを観照することによって、たぶんその何かに感銘を受けそれを見ならおうとすることによって、人はそれがもつ望ましい特徴を獲得できるという考えである。たとえばプラトンは、不死なる宇宙の哲学的研究は人にある種の不死性を与えると考えた。

学への愛と、真の知に真剣に励んで来た人……が、もしも真実なるものに触れるなら、その思考の対象が、不死なるもの、神的なるものになるということは、おそらくはまったくの必然事なのでしょう。さらにまた、こうした人が、およそ人間の分際に許される限りの、最大限の不死性にあずかることにな

〔る〕……ということも、おそらくは必然でしょう。

これは、プラトンの最もピュタゴラス的な対話篇『ティマイオス』の一節である。ここでもまたバートランド・ラッセルがこだまを響かせる。「宇宙の無限性を通じて、宇宙を観照する精神は無限性の何らかの分かち合いを達成する。」

不死性や無限性を「分かち合う」という考えはかなり不透明であり、無害な美辞麗句による哲学への賛辞だと見なされよう。たとえば確かにラッセルは、言語の選択はピュタゴラスへと遡る身振りを示しているけれども、そうした賛辞以上の何も意図しなかった。ピュタゴラスが信じたと言われるように、単に不死なる何か（すなわち宇宙）を観照することによって、いかにして文字通り不死になりうるのかは、すぐ分かることではない。説明可能な限りでは、主な考えは、何か次のようになるようだ。魂はこの世的もしくは実際的関心事に打ちひしがれており、それゆえもし不浄のままであるなら、肉体の領域から決して逃亡できない。死において魂は、人間のであれ動物のであれ別の肉体へと単に移行する。しかし人が正しい浄化プログラム――一種の霊的トレーニングであり、ボディ・ビルディングならぬソウル・ビルディングである――に従っているなら、魂は切り離され、その真の住処である不死なる非物質的領域へと上昇できる。この浄化プログラムには二つの部分がある。正しい迷信的タブー（たとえば、豆を食べないその他）を遵守することと、厳格な哲学活動の生活――テオリアつまり純粋な探究の生活――を行うこと、この二つである。

ピュタゴラス派にとって数学は宇宙の秩序と美への鍵であり、宇宙の扉を開けることが哲学の仕事であるということを、われわれは理解してきた。伝統に従うと、彼らが鍵を初めて回したのは、数と楽音との関係に関する重大発見を行ったときである。今日ほとんどの教育ある人々がその発見をまったく驚くべきものでないと考えるだろうが、それはピュタゴラス派にわれわれがある程度恩義があるためだ。

彼らが見出したのは、調和している、もしくは快く響くとギリシア人が考えた三つの音程――オクターブ、第四度音程、長五度音程――と、三つの数的比(numerical ratios)との間に直接的関係があるということである。この関係は音を出すためにかきならされる弦の長さによって表現されうる。一弦器、つまり弦が一本張られた楽器を考えてみよう。この楽器で最初発見がなされた可能性があるのだが、弦の様々な場所を押さえてからそれを鳴らすと、ギターのように、様々な音を響かせることができる。もし弦の長さのちょうど半分のところを押さえるなら、弦を自由に(つまり、弦を全然押さえずに)振動させたときより一オクターブ高い音が出る。すると、オクターブの音程は二対一の比に対応する――低い方の音は、一オクターブ高い音を生む弦の長さの実際に二倍の長さの弦により生みだされる。同様に、第四度音程と長五度音程として知られる快く響く音程は、それぞれ、四対三と三対二の比に対応している。

これはすばらしい知らせだった。それが示したのは、現象(この場合、楽音)は明らかにされうる隠された構造をもつことだった。世界がいかに働くかの秘密を数が明るみに出せることの具体的証明が、ここにあるのだ。さらに、三つの比（二対一、四対三、三対二）に含まれるのは、総計すると十になる、一、二、三、四という数だけである。このこともよき知らせだった。十という数は完全な数であり大きな神秘的意味をもっている、とピュタゴラス派は考えていた。ギリシア音楽において特別の重要性をもっていた協和音の音程が、これまた特別の重要性をもっていた数に対応していたことは、彼らにとって格別に喜ばしいことだった。

　科学からの情報という後知恵の恩恵を得てわれわれは、ピュタゴラス派が見出したものの説明は三つの事実にある、と言える。すなわち、楽音の高さ《ピッチ》が空気の振動率の問題であること、この振動率は弦楽器の場合は弦の振動率によって決まること、弦の振動率の方は弦の長さの関数であること、という三つの事実である。（魔法の数字たる十は、完全にレッド・ヘリング《人の注意を他に逸らすもの》である）。ピュタゴラス派は、こうした説明を与える立場になかった。しかし、彼らはこの顕著な発見で武装し、自分たちがかなり大きな結論へと跳躍する結構な立場にあると感じたようだ。つまり、見かけは混沌とした自然のうちに存在する秩序のすべてにとって数が根本的であるという結論へ、である。ある意味で数は根本的である——数（あるいはより一般的に、量的概念）は自然現象の説明において不可欠の役割を果たしている。数をまったく含まない物理学や化学の教科書を想像してみよう。そんなものはありえない。驚くべきことではないが、ピュタゴラス派は以上すべてをいかに表現すべきかよく分からなかった。彼らはミレトス派から受け継いだ語彙に頼り、数が万物のアルケーであると述べたのである。

タレスとその後継者たちを論じた際、アルケー概念がぼんやりしていると、すでに述べられた。数がアルカイであると言って意味されるのは、数が最初に存在した事物であることか、それとも数が万物の構成要素であることか、それとも数がどうにかして万物の原因になっていることなのか。アリストテレスはピュタゴラスが意味しえたことに関する示唆を幾つか探査し、そのほとんどに対して共感を示さなかった。彼が時間的に遠い先達について語るときの調子は、その日幼稚園で子どもたちが話すのを耳にした、魅力的なまでにばかばかしいことを物語っている教師のものであることが多いが、ピュタゴラス派とその数に関するたわごとを報告するときは特にそうだ。「自然を数から作り出す」ピュタゴラス派に対して彼はそっけなく反論する。これは正しくはありえない、なぜなら「自然的物体は明らかに重さと軽さをもっているが、数の「一」はいくら集めても物体を作ることも重さをもつこともできない」から、と。しかし確かに、アリストテレスはここであまりにも味気ない心の姿勢を見せている。ピュタゴラス派は、たとえば、六という数が一定の重さをもつとか、岩を砕くと山ほどの数になると、本当に考えることができたのか。おそらくできなかった。確かにピュタゴラス派は、自然が根本的に数学的だという結論に辿り着いたし、時間が経てば、彼らがこのかなり曖昧な思考を、数がアルカイ——万物の諸原理——だという断言によって要約するのはまったく自然なことだったろう。しかしだからといって、家がレンガからできているのと正確に同じ仕方で物理対象が数からできていると彼らが考えたということには、必ずしもならない。

ただし、物理対象がかなり特別な意味で数から構成されるとピュタゴラス派は考えたようなのは確かである。この特別の意味は彼らの幾何学への取り組み方に由来する。次の手続きを考えてみよう。さいころの面状にあるような四つの点のパターンを描こう。点をあわせて線にし、そうして四角を作ろう。ついでより多くの点と線を描いて立方体を作ろう。この単純な課題において点は線を形成し、線は平面図形を形成し、面は立体を形成した。幾何学的精神の持ち主であったピュタゴラス派の人々は、多かれ少なかれ物理対象をこんな風に――点や線その他から構成されたものとして――考えることにしていた。アリストテレスは彼らが、諸事物がどんな種類の物質からできているかというミレトス派の古い問いに、ひどく本当らしくない答えを与えていると考えた。しかし実際は、彼らは新たな問いへと移りつつあったのだ。彼らは事物の数学的側面に焦点を合わせることが新しくて胸をわくわくさせると考え、かわりにこれを論じることを選んだ。これが、物理的事物がある意味で数からできていると彼らが言ったかもしれない理由である。われわれは数と幾何学的点をはっきり区別するけれども、ピュタゴラス派は諸単位についておおざっぱに語り、単位はあるときにはこれを、別のときにはあれを意味すると理解できる。この曖昧さはおそらく、ドミノ牌やさいころ上にあるような、点や小石の幾何学的パターンによって数を表すという彼らの習慣によって育まれた。

不幸なことに、ピュタゴラス派を最も慈悲深く解釈する者でさえ、数崇拝が導いてゆく極端な意見の幾つかから彼らを救出できない。彼らは幾つかの特定の数を様々な抽象概念と同一視するまで進んでいったようなのだ。ある古代の注釈者によると、精神は一、男性性は二、女性性は三、正義は四、結婚は五、好機は七であると彼らは考えた（別の典拠はこれらの幾つかについて別の数を与えている)。何がそのような数秘学的とりとめなさへの霊感を与えたのか、かすかに理解できる場合もある。四としての正義が最も単純な例である。すなわち、四という数字はすべての辺が等しい四角形——それゆえそれは公平な形だと言えよう——として表されたし、たとえば、借金を「清算する(‘squaring debts)」という時など、われわれ(英語国民)は依然として‘square’を‘fair’の意味で用いる時がある。とはいえ、狂気のうちにも方法が存在することもあるけれども、それでも狂気は狂気だろう。おそらく何かが彼らにこうしたことを言わせたのだし、それが何かを知るのは好奇心をそそるが、しかし考察対象としては、他にずっと首尾一貫したピュタゴラスの考えがある。

ここで検討される、ピュタゴラス派の一般的哲学説の最後の部分は、彼らが最初に置いただろう部分である。すなわち、宇宙の究極的起源と原理を扱う部分である。彼らは、ある意味で数が万物の構成要素だと考えたけれども、数が究極的構成要素だとは考えなかった。さらに深く掘ることができると考えたのだ。数自体は他の何かから生みだされた。この何かは、アナクシマンドロスの不定もしくは無限定なアペイロン、あるいはそれに似た何かだった。

ピュタゴラス的思考における二つの基礎概念は、限と無限である。ピュタゴラス派によると、任意の現象における秩序や美の説明を求めるときはいつも、確実にこれら二つがその根底にある。後にプラトンは、ピュタゴラス派に属していたに違いない学説を掘り起こした。

太古の人たちは、われわれよりもすぐれていて、神々からは近いところに住んでいたのだが、これを言い伝えとして授けてくれた。それは、およそあるとそれぞれの場合に言われているものは一と多からできているのであって、しかも限と無限性を自己自身のうちに本来的な同伴者としてもっているという意味のものだ。

限と無限の結合についてのこの話の背後にある考えは、次のようなものだったようだ。ある形の限あるいは境界が宇宙の原料に課せられるとき、秩序と美が創り出される。ありふれた例として、形のない塊のペーストリーに型を押しつけて、それと分かる形を作り出す場合がある。同様に、ピュタゴラス派が理解しただろうように音楽的な比は、形のない音に秩序を課すことがもつ魅力的な結果を表す。ちょうど比が耳障りなノイズから和音を彫り出すように、ピュタゴラス派はその他多くの種類の望ましい事柄が基本的に調和や調律の事例であると考えた。健康な身体、有徳な魂、正しい社会はみな本質的に、諸要素が正しい比率で調合されるということだと考えられる。いずれの場合も、調和のとれた比あるいは混和は、秩序や限が打ち立てられた場合だと見なされた。限と無限という双子の概念は、偶と奇という算術的概念を通じて数と関係をもつにいたる。無限は何らかの仕方で偶なるものに対応し(あるいはひょっとすると偶なるものを生じさせ)、限は奇なるものに対して同じ関係にある。奇と偶は結合して一という数を形成し、他の数はすべて一から生みだされる。

これが数のためのレシピを与え、またそのことによって、数そのものが何らかの仕方でその構成要素だと考えられるその他の事物すべてのためのレシピを与える。しかし、それは最初どのように料理されたのか。ピュタゴラス派は宇宙《コスモス》の始まりについての説明を提供した。この物語のアナクシマンドロス版では、ある種の卵もしくは種がどうにかして不定なアペイロンから分離し、われわれの知る世界へと成長した(一五頁を見よ)。ピュタゴラス派版も種から出発する。すなわち、彼らの種は無限を吸い込み、そのことによって無限に幾らか形や限を与えることによって成長する。世界の中にあるすべてのものは――惑星や岩や音楽、たぶん人々も――この成長の結果であり、その栄養はアペイロンという無形の胎盤から得られる。その吸い込みは、多かれ少なかれ文字通りのことが意味されていたようである。すなわち、無限はこの文脈では明らかにプネウマつまり空気もしくは息(これはまた「魂」をも意味するようになった)としても語られている。こうして、宇宙の発展についての説明が得られる。その説明を支配しているのは、環境内で呼吸しながら、また環境から食物を引き出しながら成長する有機体のイメージである。

しかし、この疑似生物学的説明は、幾何学と数に関するピュタゴラス派のより抽象的で洗練を感じさせる熟考といかにして並べられると想定されるのか。(たとえば、繰り返し一を加えることによって)数はすべて一から生みだされうるとか、立方体は点と線から構成されると考えうると言うことはできる。しかし今やわれわれは、宇宙の発展における特定の瞬間に一という数が文字通り他の数を生んだ――他の数は線を生み、線は平面図形を生んだ等々――と考えるべきなのか。これではまるで、『創世記』のはじめの数ページが失われて初等数学の教科書のページとごっちゃになったようなものだ。

このあたりで、考えるのをやめておくのが賢明である。ピュタゴラス派に関するこうした思索すべての源泉は概略的だし、おそらく改竄《かいざん》されている。どこかの段階で、そこから啓発を搾り取れなくなると認めざるをえない。より重要なことに、ピュタゴラス派の人々が、ひと飛びで先行者たちのより原始的な考えから自由に跳躍した超人たちではないことは、憶えておくに値する。彼らは依然として、既に見た通りそもそもどのようにして始まったかについての生硬な物語に精神を集中させていた最初のピュシキ陣営に片足を置いていた。ピュタゴラス派は別種の問い、特に数学的問いへと移ろうと懸命に努力しつつあったけれども、どうやって古い話し方と訣別したらいいかがまだ分からなかったのである。

ピュタゴラス派が自然研究、特に天文学と数学と音楽に専念するつもりだったことは先に見た。これが魂を浄化する、と考えられた。学期開始時に望ましい目的を公表するのはいたって簡単だが、しかしピュタゴラス派はどれだけのことを実際に達成したのか。

音楽(あるいは厳密には、和声学)への彼らの寄与についてわれわれの知るところは、わずかだが見事なものだ。それは、比と快く響く和音の音程との間の関係を明らかにした上述の観察に存する。これですべてだ。しかし、現代の科学史家は感銘を受けた。ある者は、ピュタゴラス派が音響効果をいじくり回したことは、プラトンの時期以前の「経験的研究に哲学者が従事した証拠をわれわれがもっている主要な一ケース」だと言っている。けれども、ピュタゴラス派の最も有名な音楽的アイデア——

―「天体の調和」もしくは「天体の音楽」説――は経験的研究とほとんど関係がなかった。それは、彼らの宇宙像を強力に要約したイメージだと考えるのが一番よいし、それが信じられたのは主としてそれがあまりに魅力的なアイデアだと思われたからである。それがもつ連想力は、それがプラトンやキケロやチョーサーやシェークスピアやミルトンやポープやドライデンその他多くの著作中に現れていることが証明している。アリストテレスもそれを上手に記述しているけれども、『ベニスの商人』におけるロレンゾがさらにうまく表現している。

さ、おすわり、ジェシカ。ごらん、天空をびっしり満たしているあの星々、まるで漆黒の夜空にはめこんだ、黄金の螺鈿《らでん》細工さながらに輝いている。その中で、今、君にみえているいちばん小さな星だって、天使のように歌を歌っているんだよ、瞳もあどけないケルビムの歌声に、永遠に声を合わせて。この地上に住むぼくら人間にだって、不滅の霊魂のうちには、それほどにも清らかな音楽、美しい調和が、じつは秘《ひそ》かに流れている。けれども、やがて塵《ちり》となって朽ち果てる肉体に包まれている限り、悲しいかな、ぼくらの耳には、聞こえないんだ。

実際はロレンゾはあまりにうまく表現しているので、ピュタゴラス派を改善したと思われる。元々の説では次のようになっていたようだ。すなわち、天体は様々なスピードで空間内をビューンと飛ぶので音をたてること、様々なスピード間の比は、音が調和していることを確実とするまさに正しい比であること、この音楽に気づかないのは、われわれが誕生以来これを聞いており、それゆえ慣れているためだということである。アリストテレスが説明する通り（彼自身はこのアイデアを受け入れなかった）、「したがってちょうど鍛冶屋には長年の慣れによって（鍛冶場の騒音が）何の違いもないと思われるように、人間たちにも同様の事態が生じている。」ピュタゴラス自身は本当は神であって人間ではないから天体の和音を聞くことができたと述べるピュタゴラス派の伝統が一つは存在するけれども、それをわれわれが聞けないのはわれわれが死すべきものであるからだという考えの証拠は、シェークスピア以前のどこにもどうやら存在しない。だが、ある意味でシェークスピアの考えはピュタゴラス派よりもピュタゴラス的である。「死すべき生のあいだ」に一時的に閉じこめられ、そのことによって宇宙の調和的秩序と美を十分に正しく認識することから遠ざけられた魂という考え方は、純粋にオルフィック教的である。ピュタゴラスもこれを好んだであろうが、しかしわれわれがなぜ天体の和声を聞かないかという問いにこのアイデアを適用することは全然思いつかなかったようだ。

この主題に対するアリストテレス自身の態度はこれほど表現力に富まない。

さて以上の説は、すでに述べたように、調子よく、歌うがごとく優美に語られてはいるが、しかしそのようなことは不可能である。……過度に大きい音は生命の無い物塊をも打ち砕く……。そしてそれほどにも大きいものが運動する場合には、音もまたその運動体の大きさに比例して発せられるのだから、何倍もの大きさになってここまで届くし、その力の強さは途方もないものであるのが必然である。しかしそのような音響は生じていないのだから、われわれには聞こえもせず、物体は明らかに何の暴力的な変動も被らないように見えるのが当然なのである。

しかしピュタゴラス派にとって、この理論はあまりによいものなので真でないわけがなかった。それは、結合するとピュタゴラス的哲学の本質となる三つのことを結びつけた。すなわち、(天体の規則的運動の形で)自然が秩序正しいこと、(そうした運動が創り出す調和の形で)自然が美しいこと、(この調和を説明する比という形で)数が行き渡っていることの三つである。

ちょうどこの理論が、誰も実際は聞いたことのない音を仮定する点で当惑を与えたように、ピュタゴラス派の別の天文学説も疑わしくも不可視の対象に依存していた。少なくとも、前五世紀の著作家に由来する、後に最も強い影響力をもったピュタゴラス的天文学理論についてはそうである。この理論によると、地球と天体はすべて見えない中心の火、家の中心にある火のような「中心の炉床」の周りを回っており、地球と中心の火との間には、これまた見えない「対《カウンター》地球《アース》」が存在する。われわれがこれらのどちらも見ないという事実についてのピュタゴラス派の説明は、地球のわれわれが住んでいる側がそれらから常時顔をそむける側だから、というものである。

この理論に関する最も重要な事実は、それが地球を諸事物の中心から動かし、その他の天体すべてと同様に中心の火の周りを運動するとした点である。この新奇な考えはピュタゴラス的思想のいかなる別の部分とも関係がなかったようだが、しかしそれは些細なことではない。一五四三年発行の『天体の回転について』の献呈の辞においてコペルニクスは、地球が宇宙の中心に位置する（中世には誰もがこう考えていた）のでなくて太陽の周りを運動するという当時では非正統的な仮説を探究する勇気を自分に与えたのはまさにこの古代のシステムだった、と述べている。「これを出発点として、私は地球の可動性の考察を始めた……。」こうして、偶然とはいえピュタゴラス派は、現代天文学の出発点となったのである。

天文学的見解の提出について古代ピュタゴラス派にどんな理由があったにせよ、彼らが天体について詳細に観察したことについての証拠は乏しいし、驚くべきことに、彼らが愛用した数学を天文学に適用したことについてもそうである。だが、天体運動の法則を発見するために数学を適用しようと初めて試みた人ヨハネス・ケプラー（一五七一～一六三〇）は（かなり時期遅れとはいえ）堅固なピュタゴラス派だった。単純な数学的関係で表される調和したパターンで天が整えられていなければならないと固く信じていたので、彼は惑星について幾つか一般的定式化を行った。そのうち幾つかは誤り導かれた空想であるが、これは今では都合よく忘れられている。頭のおかしな古代哲学者たちとつながりがあるという悪評から現代の科学者を引き離したい人々は特に忘れっぽい。しかし、幾つかは今では物理学の画期的発見と見なされている。ケプラーの三つの惑星運動法則は、そこから中世宇宙論が変容して現代天文学となって現れた回転式ゲート《ターンスタイル》として引き合いに出されることがよくある。けれども、彼は依然としてあまりにもピュタゴラス派だったので、最も有名な発見の幾つかが公表された『世界の調和』（一六一九）での論考は長音階と短音階によって惑星運動を分析するだけでなく、土星と木星と火星と金星と月と地球の軌道が音を出さずに奏でる様々なメロディーを具体的に挙げさえしたのである。

後の世代にとって霊感の素となりはしたけれども、元々のピュタゴラス派が自らの時代において発生しつつあった天文学を前進させることについてどんな手柄があるか述べるのは難しい。純粋数学は別の話となる。懐疑的なアリストテレスでさえ「彼らはこの研究を初めて前進させた人々だった」と認めざるをえなかった。有名な定理そのものを含めて、ピュタゴラス派の功績とされていることのうち最も重大な数学的進歩は、ピュタゴラスの死後だいぶ経ってから、紀元前五世紀中頃以降のものであるようだ。しかし、数学理論のその他の部分の幾つかは彼の時期にまで当然遡る。四や九のような数を「平方《スクエア》」と分類するのは、たぶん最初期頃のものである(ピュタゴラス派はこれらの数を点の四角《スクエア》として表記し、ここから用語法を思いついた)。たぶん同じことが言えるのは、そのような幾何学的表記法に向いている数に関する様々な定理である。また、数を偶と奇に分割することも初期ピュタゴラス派の発明かもしれない。しかし、数に関する単なる雑多な観察ではなくて厳密な数学的証明や論証をピュタゴラス自身が初めて産み出したという考えは、擁護者たちによる願望的思考だと思われる。

そうした擁護者たちのうち、現代において最も大胆なのがラッセルである。すべての思想家のうちで最も影響力が大きいのはピュタゴラスだという彼の主張は、他の思考領域に対する数学の衝撃をピュタゴラスが一人でもたらしたという考えに依存している。ラッセルは、はっきりと区別しなかったが、そのような衝撃を二つ心に抱いていたようだ。一つはユークリッドの『幾何学原論』に見られる数学的証明方法に関係がある。『幾何学原論』は紀元前三〇〇年頃書かれ、十九世紀に新約聖書が幾つか加えられるまで幾何学の唯一の聖書であり続けた。ユークリッド的証明は、自明だと想定された単純な公理から実質的でしばしば複雑な結論へ向かっての演繹の注意深い諸段階を踏んで進められる。論理的レンガ積みのこのこつこつ取り組むスタイルは、数学内部同様その外部においても、科学的成果を組織だてる仕方のモデルとして(たとえばニュートンは『プリンキピア』をこの仕方で設計した)だけでなく、法律や神学においても深い影響を与えてきた。ピュタゴラスがいなければ「神学者たちは神とか不死ということの論理的証明を探求しなかっただろう」とラッセルは述べた。しかしながら、数学的証明の概念をギリシア人が(紀元前四世紀に活躍した)ユークリッド以前のいつかあるときに発展させたと言っても安全であるけれども、その発明の功績がすべて、あるいは少しでも、ピュタゴラスと弟子たちにあると考える理由はない。厳密な演繹は、次章に登場するパルメニデスの著作のうちにずっとはっきりと見られる。ピュタゴラス派の功績として認められるのは、関連はあるがより捉えがたいものである。初期ピュタゴラス派は、単に物事を成し遂げるのに有用だからだけでなく、知的満足のために数学に従事できることを最初に強調したようだ。ジョナサン・スウィフトは、『ガリバー旅行記』においてラピュタの放心した数学者について述べるとき、ピュタゴラス派の風刺画をたぶん心に抱いていた。

彼らの家の建て方はまったくひどいもので……どの部屋にも一つの直角もないが、この欠陥は、実際的幾何学に対して彼らが抱いている軽蔑から生じている。……わたしは彼らより不器用でぶざまで扱いにくい人々を見たことがないし、数学と音楽を除けば他のどんな主題についても考えるのがこんなにのろくて途方に暮れた人々も見たことがない。

疑いなく真のピュタゴラス派が行ったように、数学に対してきっぱりと理論的な取り組み方をすることとは、より実際的精神をもった当時のギリシア人なら不要だと考えただろう数学的証明の概念への道を、少なくとも舗装するのには役立っただろう。観照的テオリアに関心を抱き、事物の数学的基礎を明らかにしたいと欲して、ピュタゴラス派は三角形や数といった数学的対象に、少々の土地や金銭の総計の代用としてだけでなくそれ自体として興味をもったかもしれない。彼は、数学的真理と概念が互いにどのような関係があるか理解するため、これらのことについて抽象的に思考しようとしただろう。このようにして彼は、彼自身が敷居をまたいだにせよそうでないにせよ、ユークリッド・スタイルの証明の戸口にまでやって来たことだろう。

ラッセルがピュタゴラスの功績とした、数学の別種の衝撃はいっそう漠然としている。その衝撃は、数学が(完全な円や完全にまっすぐな線のような)完全な対象の領域に関する知識を提供するという考えに由来する。完全な対象は、ぎざぎざのある不完全な物理的世界についてわれわれが感覚を通じて学ぶものよりも、何らかの仕方で優れている。数学的知識はより正確であるばかりか、まさにより抽象的であるからより精神を高揚させ意味深いし、それゆえ他のすべての種類の知識の手本となる、と考えられる。ラッセルが後に自身の最終的な「ピュタゴラスからの退却」について述べたとき、彼が放棄したと言うのは「知性が感覚［視覚のような感覚認識を意味する］より優れているという感じ」だった。この感じがオルフィック教からの当然の結果だと理解するのは簡単である。身体と身体がわれわれに告げることは汚れていると見られ、精神もしくは魂とそれがわれわれに告げることはよりよいのだ。最も影響力の強い、この態度の擁護者はプラトンだったし、ピュタゴラス派――たぶんピュタゴラス自身ではないが――がそのことに関するプラトンの霊感の一部だとラッセルが考えたのは正しい。ラッセルの行き過ぎは、ピュタゴラス派は明らかに最初にそこへ到着したから、同じ道を行こうとする後の試みすべてについても功績があると想定する点である。しかし実際は、その道は、多くの人々が自分で見出してきた永遠に魅力的なルートであるようだ。それでも、神秘的精神をもつ数学者が守護聖人を欲しい場合、それはピュタゴラスとなる。彼は実際は、彼のものとされる奇跡をやってのけはしなかったかもしれない。しかしこれは、ほとんどもしくはすべての聖人についても言えることだ。

3　自分を探究した人――ヘラクレイトス

放心教授としての哲学者という一般向けの考えがタレスにまで遡ることは既に見た。伝統的戯画化の別の側面――すなわち、難解さを鼻にかける人という戯画化――を最初に体現したのがヘラクレイトス（紀元前五四〇頃～四八〇頃）だ。「謎をかける人」として彼が名高かったのには、十分な根拠があった。エウリピデスがソクラテスに、ヘラクレイトスの著作をどう考えるかと尋ねると、「わたしに理解できたところはすばらしいし、理解できなかったところもそうだろうと思う。ただし、この書物は誰かデロス島の潜水夫を必要とするね」と、答えたと伝えられている。これはソクラテスのささやかなジョークにとどまらない。次に挙げるのは、ヘラクレイトスが述べたに違いない言葉がもつ印象深い不可解さの二つの例である。

われわれが目覚めたとき目にするものは死であり、眠っている間に目にするものは眠りである。

人の生涯は、子供が戯れに将棋の駒を動かしてるようなもの。王権は子供の手にある。

彼による警句めいた発言がすべてこれと同じほど不可解だというわけではないけれども、彼の本から残存する百三十余りの断片のほとんどすべてのうちに、ある程度のパラドックスが存在する。あるヘラクレイトス注釈者は、一見分かりやすい断片について「このテキストのうちに何ら謎めいたところがないので、それが真正断片であることが疑わしくなると言えよう」と述べた。

だがヘラクレイトスは、目的のない謎をでっち上げる人ではまったくない。概して彼の著作は、単にいらいらさせる、というより、じりじりさせるのだ。そこには通常、彼が述べようとして奮闘しつつある新しい何かが存在するからである。その逆説的文体にもポイントがある。彼の言うとおり、「自然本性は隠れることを好む」。すなわち、事物はその見かけとは違う。実際ヘラクレイトスにとって、事物はその見かけの反対であることがよくあるし、彼による一見矛盾した謎の幾つかは、この事実を表現する彼特有のやり方にすぎない。アリストテレスは修辞学に関する論考において、ヘラクレイトスの両義的な統語法について冷淡に苦情を述べた。ヘラクレイトスに返答の機会が仮にあったとすれば、両義的なのは世界そのものだと彼は応答したはずだ。このように、ヘラクレイトスの思想の形式と内容とには密接に連関がある。つまり、自然は謎だらけであり、この事実をこそ彼は自らの謎を用いて例証するとともに説明しているのだ。

ヘラクレイトスは、彼以前に位置する人々の誰とも似ていなかった。彼の関心と状況が、ミレトス派からもピュタゴラス派からも彼を引き離した。彼が「いかさま（いかさま師）の元祖」と呼んだピュタゴラスと異なり、自らの生涯においていかなる種類の学派にも霊感を与えなかったようであるし、彼自身がどんな学派にも追従しなかったのは確実である。彼について最も確実だとされる事実は、彼が傲慢で他の人々を軽蔑していたことであり、このことはその近寄りがたい文体を説明する一助となるかもしれない。たぶん彼は、デルポイの神託のような自らの知恵を自分が明らかにしていると考えるのを好んだ。デルポイの神託は、彼の言うとおり、「語りもせずに隠しもせずに、徴《しるし》を示す」のだ。彼は、自分の著書に大衆が到達できないようにと、その唯一の写本を神殿に預けたと言われる。これは、ピュタゴラスの死後間もなく紀元前五世紀初めのいつかあるとき、たぶん（ミレトスから三十マイル〔約八キロメートル〕ばかり北の）エペソスにおいてのことだったろう。ヘラクレイトスはエペソスの王族の一員だった。

　最初の自然主義者《ピュシキ》たちの故郷と近接していたにもかかわらず、ヘラクレイトスのテーマは、タレスやアナクシマンドロスやアナクシメネスのとはまったく違っていた。確かに、彼は物理的構成要素に関する彼らの話し方の多くを採用したし、諸要素が日常的過程によって互いへと変化することに同意した。この点で彼はピュタゴラスによりもミレトス派に近い。数と、自然を説明する際の数の役割とに関心がなかったようだからだ。しかし、ミレトス派のぎこちない自然学と天文学は彼には不十分だったし、これらの主題やその他のどんな科学にも彼は価値のある貢献を行わなかった。さらに彼は、宇宙が創造の際の特定の瞬間に一種類の物質から成長したというミレトス派の考えを共有しなかったようである。彼の考えでは宇宙は常に存在していたのだ。それゆえ、彼は事物の起源を探究しなかった。そんなものがあるとは考えなかったからだ。かわりに「わたしは自分自身を探究した」と、彼は述べている。

ミレトス派の誰一人としてそんなことは言わなかっただろう。彼らは外部の世界について忙しくしすぎていたので内部の世界を探究できなかった。ヘラクレイトスの関心は両方にあったし、同じ原理が人と自然を支配すると考えたので、前者を吟味することによって後者について発見が可能となると考えた。ヘラクレイトスに心理学に関する最初の活動が見てとれると主張する人もいる。すなわち彼は魂を、伝統的な、身体を活気づける天の息であるだけでなく、自ら考え知覚するということを行う何かであると考えた最初の思想家だったかもしれない。この思考する自己という謎に彼は鋭敏にも気づいていた。「魂の限界は、それに行き着こうとして、たとえあらゆる道を踏破しても、見つけ出せないであろう」。したがって彼の発見の航海は内部へと向かった。彼は、夢や感情や人柄を論じて、内部の舞台の行為の幾つかを記述するために内省へと向かった（「性格がその人に憑いた神霊《ダイモーン》である」と彼は述べた）。

この内省的転回《イントロスペクティヴターン》は、神話作りの超自然主義者《テオロギ》たちから自然主義者《ピュシキ》たちを区別する類の客観的探究を彼が放棄したことを意味しない。一つには、彼は内部だけを見たのではなかった。感覚による証拠の重要性をも強調した(「見えるもの、聞こえるもの、認知しうるもの――その限りのものを私は優先させる」)。支持のための事例と例証のための記述を彼が使用したことにより、彼は創意に富む詩人ではなく理を働かせる人の陣営にしっかりと位置づけられる。じじつ彼は、「知られていない事柄」が問題になるときは詩人の証言を信用することに対してはっきりと警告している。

だが、内的・外的世界の注意深い観察で話は終わらない。ヘラクレイトスに従うと、諸感覚による証拠も、実にいかなる種類の学習も、彼がロゴス(諸事物の「原理」「理論」「式《フォーミュラ》」)と呼ぶ自然の支配原理を適切に理解しないかぎり、大したものにはならない。ピュタゴラスは、正しいロゴスによって導かれていなかったために学習が徒労に終わる多くの人々の一人だった。「ピュタゴラスは……自分のものとしての英知をこしらえた――博識を、詐術を。」ヘラクレイトスを除くすべての人が深刻に誤導《ミスリード》されていたようだ。「明々白々なものを知るのに、人びとは、ちょうどホメロスの場合と同じような具合に、すっかり欺かれてしまっている。彼こそは、全ギリシア人にすぐれた知者であったが。」別のところではヘラクレイトスは人間を獣と、大酒飲みと、深く眠っている人々と、子どもと(彼らの意見はおもちゃに似ていると言って)比較している――全員が真なるロゴスを把握していないからである。「理《ことわり》〔ロゴス〕は、ここに示されているのに、人びとは、それを聞く以前にも、ひとたび聞いてのちにも、けっして理解するようにならない。」

では、ヘラクレイトスが見、他のすべての人が見損なったのは何だったたか。以上のようにどなりちらした後で、単一のスローガンに簡単に要約しうる一つの大きな秘密を彼がもっていなかったことを発見するのは幻滅となるかもしれない。かわりに彼にあったのは寄せ集められた関係しあう秘密であり、そのほとんどは二つのスローガンに要約できる。第一のスローガンは、すべては闘争であり混乱であるというものである。彼の表現するように、「万事は争いと必然に従って生ずる」。これが意味するのは、諸事物の見かけの調和と安定性の下で、すべてのものは流動状態にあり、相克する反対対立者の戦場となっていることである。しかし――第二の主な秘密である――これら反対対立者は、それでも何らかの仕方で同一である。すなわち「万物は一である」。この二重の真理が、自分自身を探究していったとき彼が発見したものである。自らの新発見を単純に表現することが不可能だと彼が考えたのも当然だろう。

ヘラクレイトスにとって、諸事物の争い、変化、一性《ワンネス》に関するこれらの考えはすべて単一の見取り図《ピクチャー》の一部であり、一部は内省の旅において彼の心を打ったものに、一部は彼の自然観察に由来していた。彼の描く光景を理解するには、その見取り図を部分に切り分け、その各々を別個に眺めるのが一番簡単である。最初に流れという概念を見て、次に争い(並びに、争いにおいて火が果たす特別の役割)に関する考えを、次に反対対立者について彼が何を言うかと、反対対立者が本当はいかにして同一であるのかを検討し、最後に、見取り図の諸部分がどのように組み立てられるか述べよう。

ヘラクレイトスは流れという概念の一側面を単純なアナロジーによって例証したが、そのポイントは最初ははっきりしない。「攪拌飲料《キュケオーン》も、掻きまぜずにおかれると、分離していく。」ヘラクレイトスが言及している混合飲料とは、大麦とおろしたチーズがワインのなかで掻きまぜられたものだ。掻き混ぜることが決定的である。飲むときに大麦とチーズが渦巻いていないかぎり、それらは大コップの底に溜まったままであり、普通のワインを飲んでいるのと変わらない。それゆえ混合飲料は運動に依存している。この例は、ヘラクレイトスにとって、自然全体に関するうまく隠された真理を象徴するのに役立ちうる。その真理とはすなわち、自然の特性は基礎にある運動や変化に依存しているというものだ。もう一つの例は川である。「同じ川に足を踏み入れようとしても、つぎつぎと違った水が流れ去っていく。」ここで彼が注意を喚起しているのは、それぞれの川が本当は常に変化する水から成るという事実である。それゆえ、もし私がテムズ川のある場所に今日入り、明日再び同じ場所に入るとしても、私はそれぞれの場合に別の水に入ることになる。ヘラクレイトスは、水について成立することが、われわれの見るものすべてについてある点で成り立ち、また魂についても成り立つと考えたようだ。古代のあるスローガンが述べるように、パンタ・レイ——万物は流れるのだ。

万物はしかし、平和には流れない。このことをヘラクレイトスは「戦争はすべてのものの父であり、すべてのものの王である」とメロドラマ風に表現する。彼はなぜ流れと変化の理論を争いという奇抜な概念で註解するのか。自然は隠れることを好むから、ヘラクレイトスの発見のすべてが常識に直接的に明らかであることは期待できない。が、答えの一部は反対対立者についての彼の語り方に存しているようだ。

ヘラクレイトスは、「神々のもとからも人間たちのもとからも争いがなくなればよいのに」〔『イリアス』

XVIII 107]と歌った人物を非難している。というのも、もし高い音と低い音がなければ「和音」(ハルモニアー)は存在しないだろうし、対立し合うものである雌雄がなければ動物も存在しないだろうからである。

ヘラクレイトスにとって、反対対立者であるとは常に、敵対者であることとである。それゆえ音楽は、音階の反対の端に位置する高音と低音の両方を用いるから争いを含む。「反対対立者」から「敵対者」へ「争い」へ「戦い」へと――あたかも反対対立者はすべて何らかの仕方で戦争状態にあることが明らかであるかのように――とても軽快に進んでいったという事実は、アナクシマンドロスが罰と報復と不正の話によって述べたような、物理的構成要素間の恒《つね》なる戦闘という見取り図を反映しているのかもしれない。ミレトス派は、自分たちがたいていの場合関心をもった種類の変化である、構成要素の相互作用のうちに戦いを見たのに対し、ヘラクレイトスはより多様な変化や差異について熟考し、ミレトス派の争いの比喩を自分のより広い領域へと拡大した。川については、それは常に激しく騒がしいわけでは決してなく、個々の事物内部に争いや紛争の証拠をあまりにも熱心に探すのは、木を見て森を見ない恐れがあるので、賢明でないだろう。ヘラクレイトスの観点からは、流れる川は争いあう構成要素という、より大きなタブローの一部なのだ。「火の死は空気の生誕であり、空気の死は水の生誕である。」

ヘラクレイトスは諸構成要素のうちの一つを最上位に置いた。彼は知的放火狂だった。火が彼を魅了したのだ。宇宙は「いつも生きている火として、いつでもあったし、現にあり、またありつづけるであろう——定量だけ燃え、定量だけ消えながら」。また、「万物は火と引き換えであり、火は万物と引き換えである。あたかも物品が黄金と、黄金が物品と引き換えであるようなものである」と言っており、こうして経済的交換《イクスチェンジ》の媒体としての黄金の役割と物理的変化《チェンジ》の媒体としての火の役割との類似点を指摘している。これは誇張されているようだ。火が(少なくとも通常の意味では)すべての物理的過程に含まれていないことは簡単に理解される。では、火のどこがそんなにも特別なのか。ヘラクレイトスは、宇宙の循環理論をもっていたらしく、これによれば万物は繰り返し生じる一連の宇宙的大火において周期的に火へと変わる。だとすると、火の影が万物の上に明滅することには確かに意味がある。それはともかく、たとえ定期的な普遍的大篝火《かがりび》が存在しなくても、彼の荒れ狂う自然像に火は格別うまく適合する。焼き尽くす炎は事物の核心にある争いを象徴しているからである。(たとえばロウソクの)着々と燃える炎は見かけの安定性の背後に隠された流れを明らかに示している。なぜなら、常に何か燃料を消費しているからこそ、それは外見は安定した状態で存在できるからだ。それは川のように、新しい物質の絶えざる流れを必要とする。火はまた、ある事物を別のものへ(たとえば木を灰へ)変容させ、それゆえ変化の本質的働きを行っていることを最も簡単に観察できる構成要素《エレメント》でもある。概して、火は恒なる混乱というヘラクレイトスの見取り図にとって申し分のないものである。

彼はまたときに火を魂と、神性と、世界の指導原理もしくはロゴスと同一視した。最初はこれらは似つかわしくない仲間に見える。しかし、ヘラクレイトスにとっては二種類の火が存在する。神的で魂のこもった火は、その卑しい親戚である、炉床のうちで事物を燃やすのが見られる可視的な炎と同じではない。上部領域に由来するのは天のアイテールすなわち希薄化した熱くて乾いた空気であり、以前の思想家たちもこれを魂の構成材料だと認めていた。既に見たようにヘラクレイトスは、魂を理性的な考えるものと見なした。したがって彼にとって、霊妙な伝統的魂の材料から自然の指導的ロゴスまではほんの一歩である。すなわち、人の魂をその行動の背後にあって動かす力と見なせるように、世界の魂も世界の出来事の背後にある指導的原理なのだ。そしてギリシア人にとって、そうした「常に生きる」世界の魂を神的だと記述するのは自然だった。通常われわれは火をでたらめに破壊するものと考える。しかしヘラクレイトスは火を、諸構成要素間のバランスをどうにかして維持する秩序の力と見た。ミレトス派があんなにも興味を抱いていた、熱と冷、湿と乾とのあいだの変化に火は何か指導的な仕方で含まれたのである。(「冷たいものが熱くなり、熱いものが冷たくなる。湿ったものが乾き、乾いたものが湿る。」)

ヘラクレイトスはまた頻繁に、睡眠と覚醒、生と死とのあいだの変化に言及したし、生きている世界におけるこうした変化を物理的構成要素の盛衰に結びつけた。たとえば彼は、死がやって来るのは魂があまりに湿ったときであるが、この湿りも結局は再び生になる、と言う。「魂にとって水となることは死であり、水にとって土となることは死であるが、しかし土から水は生じ、水から魂は生ずるのである。」この循環過程では、サイクルの段階に応じて水が生へと、また死へとつながってゆくが、二つの反対対立者がいかにして結びつきうるかが示されている。

このことがヘラクレイトスの見取り図の最後の部分につながる。すなわち諸事物の一性であり、反対対立者がどうにかして同一である仕方である。この真理を正しく評価することに失敗したという欠点が、以前の賢者たちをヘラクレイトスが叱りつけた理由の一つだ。ヘシオドスはあらゆる者のうちで最も賢明であると崇められているけれども、昼と夜に関する真理、すなわち「両者は一つなのである」ことに気づきもしなかった。ヘシオドスは夜のことを、昼を一時的に消した一種の暗い力だと考えたが、これは、夜を黒い空気の増大により引き起こされた大気の不潔な状態だと見なした、喜劇小説家フラン・オブライエンによる架空の哲学者にかなり似ている。ヘシオドスは、昼と夜が回転する同じ硬貨の裏表であることに気づかなかったようだ。これによってヘシオドスが世界について何か決定的なことを逸しているとヘラクレイトスは考えた。その決定的なことには他に多くの種類の事例があり、以下に幾つか挙げよう。

上り道と下り道は同じ一つのものである。

そして、生きている間も死んで後も、目覚めているときにも眠っているときにも、また若かろうと老いていようと、同じ一つのものがわれわれの内に宿っている。

病気は健康を、飢餓は飽食を、疲労は休息を快適にして善いものにする。

海水はとてもきれいで、とても汚い。魚はそれを飲み生命を保っているが、人間には飲めないし、命取りである。

以上は、見かけは反対の事物のあいだの統一的結合関係についてのヘラクレイトスによる四つの例である。第一は分かりやすい。ちょうど入口が普通はまた出口でもあるように、坂を上る道は坂を下る道でもある。第二の例はそれほど分かりやすくない。生きている人は死んでいる人でなく、若い女性は年老いた女性でなく、寝ている人は目覚めていないからだ。しかし、ヘラクレイトス的な宇宙循環計画においてこれら反対対立者のペアは最後には同じものとなる。なぜなら寝ているものは覚醒し、覚醒しているものは居眠りを始め、生きているものは死に、死んでいるものは生きるものとなる(し、こうしてある意味で年老いたものは若くなる)からだ。上に引用された第三の断片中の健康と病気その他のペアについては、ひょっとするとヘラクレイトスが考えていたのは、疲労は休息に意義を与えるしその逆も成り立ち、病気は健康に意義を与え、等々ということだろう。第四の断片では反対対立者のあいだにあるさらにまた別種の結合関係が見られる。すなわちこれは、同一の物質が異なる生きものに反対の影響をもつことの例となっている。

ヘラクレイトスにとって以上すべてが結局意味するのは、反対対立者の各ペアが、ちょうど夜と昼が一つであるように、本当は二つでなくて一つのものであることである。われわれにとってこれは、ほとんど真面目な論点のない、混乱した一般化のしすぎだと思われる。たとえば、睡眠と覚醒はつながっているとしても、同じものでないとわれわれはいくらでも言うことができる。「反対」や「同一」といった用語の様々な意味をわれわれは区別できるし、だからそれらをすべて一緒にしようとするヘラクレイトスの努力にわれわれは納得がいかない。しかしちょうどそうした区別をするのがわれわれに価値があると思われるように、若さと老齢、健康と病気、上への道と下への道等々のあいだの結合関係を強調することがヘラクレイトスには価値があると思われた。そうすることでそれらの事物の理解が進むとどうも彼は考えたらしい。ちょうどピュタゴラスが和音と数とのあいだの結合関係に強い印象を受け、数がどうにかしてすべてを説明するという結論に飛びついたように、ヘラクレイトスは反対対立者間の結合関係の幾つかに強い印象を受け、「すべては一つである」という結論に飛びついたのである。

一見すると「一つになっている」ようには見えないものは多いが、その一つが、ヘラクレイトス自身の思想だ。それは自己矛盾しているようだと、今やわれわれは理解する立場にある。一方で彼は目をやるどこにでも流れと変化と争いを見出す。他方この争いはある点で模擬戦だと思われる。戦いあう反対対立者——それらが基本元素《エレメント》であれ、昼と夜であれ、若さと老年であれ——はすべて本当は結局は同一陣営に属するからである。では流れと争いはヘラクレイトスによると本当は存在するのか否か。答えは、それらは存在する、しかし流れと安定性、一性と多様性自体が、夜と昼のように、同じ硬貨の裏と表だ、というものである。川の例をもう一度考察しよう。それはまさしく一つの川だけれども、多くの水から成る。そしてそれは多くの水から成るけれども、依然としてただ一つの川である。このようにして争いと一性に関するヘラクレイトスの考えは一つの調和した全体へとまとめることができる。彼は決して詳しく説明しないけれども、一性のなかの流れと流れのなかの一性というこの二重の説明がロゴスであり、これを以前の思想家たちが理解できなかったと彼は考えたようである。

ヘラクレイトスが説明を試みた後でさえ依然として、何が生じているかを理解し損ねた後世の思想家たちがいる。プラトンはヘラクレイトスの見解を歪曲したものを普及させることで、彼にひどい仕打ちをした。プラトンはクラテュロスという名の哲学者を知っていた。クラテュロスはヘラクレイトス思想の一側面に飛びつき、それを大げさに引き延ばしたようだ。プラトンとその弟子アリストテレスはクラテュロスの考えを繰り返し述べ、その後のほとんどの思想家は彼らの眼を通してのみヘラクレイトスを見た。

クラテュロスの考えは、すべてが常に容赦ない流れをこうむっている、というものだったようだ。結果として、すべてがあまりに早く変化しているから、人は何についても何ら真なることを言えない。アリストテレスは次のような見解に言及している。「それは、ヘラクレイトスの徒をもって自任する人々の意見、ことにクラテュロスのいだいていたそれで、この人に至っては、ついになにごとも語るべきではないと考えられ、わずかに指頭を動かしうるのみであった。」プラトンの対話篇の一つでソクラテスは、この極端な見解は、頭の中の悪い流動状態から結果したものだと診断した。

現代の知者たちの大多数と同様に、何よりも、有るものがいかなる状態にあるかを探求する際に甚だしく振り回されて目まいを起こすものだから、あげくの果てには、事物の方が回転し、あらゆるふうに変動しているかのように、彼らには見えるのだ。そこで彼らは、自分たち自身の内部の異状こそこの臆断の原因であるとは責めないで、事物自体が本性的にそのようなものであり、いかなる事物も静止的でなく、確固たるものでなく、流れつつあり動きつつあり、あらゆる種類の変動と生成に常時充たされているのだと、責めを事物に帰しているわけだ。

ひとたびプラトンがこのナンセンスをヘラクレイトスに帰したなら、ヘラクレイトスの信奉者（クラテュロスは、その人たちのうちの唯一の記録例である）と称する人々を彼がからかうのは容易なことだった。

このヘラクレイトス説というものについては……かのエペソス一帯のそれを知ったかぶりしている人たちを直接相手にしたのでは、まるで狂人を相手にするのと少しもかわりがないのでして、言論を交えることは不可能なのですからね。なぜなら彼らは手もなくかの書物の方針通りの運動物なのでして、……もしあなたがその誰かに何か尋ねてごらんになるなら、彼らはまるで箙《えびら》の中からのように、謎めいたちょっとした語句を抜き出して、これを射かけてよこすにきまっているのです。そしてそれの意味を、これは何を言ったのであるか、その説明をお求めになるとしたところで、ただ言葉を新奇なやり方で取りかえたまたもう一つ別のやつであなたは撃退されてしまうことでしょう。そしてあなたは、この連中の誰を相手にしたところで、いつになっても何ひとつらちを明けることはおできにならんでしょう。否、彼らが自分たちお互いを相手にする場合においても、それは望みないことなのです。彼らはむしろ、言論の上においても、また自分たち自身の心の中においても、よりどころになるような堅固なものが一つでもあるのをそのままにしてはおくまいというので、そのために大へんな用心をしているのです。

プラトンとアリストテレスの極端な解釈を支持するらしい、ヘラクレイトスの一つの見解が、彼の発言の中で最もよく知られるものとなった。「同じ川に二度入ることはできない。」この格言の背後にある考えはかなり明白だ。川を構成する水は、流れていくにつれていつも変化しているから、足を踏み入れるごとにそれは異なる川である。しかし、われわれはこれをどれほど真剣に受け取るべきなのか。クラテュロスの極端な見解に従うと、われわれはそれを完全に文字通り受け取ることになる。すなわち、われわれが通常理解しているような川はぜったいに存在しない。もしテムズ川が存在するなら、それは異なる川になる前の、束の間の瞬間にだけ存在する。クラテュロスの解釈では、同様の考察によって、他のすべてについても同様のことが真であると示される。それらを構成する物質はいつも変化している。この見解を記述するときソクラテスが述べるように、「いかなる事物も静止的でなく、確固たるものでなく、流れつつあり動きつつ」あるのだ。

だがもしもっとじっくり検討するなら、六七頁に引いた川に関するヘラクレイトスの別の発言が、これとまさに矛盾する。「同じ川に足を踏み入れようとしても、つぎつぎと違った水が流れ去っていく。」これは、同じ川に流れる異なる水についてはっきり語っている。したがって結局、同じ川に二度足を踏み入れることができるのだ。クラテュロス、プラトン、アリストテレスは、ヘラクレイトスの両刃の哲学の半分だけ取って他の半分を単に無視したようだ。彼らのように、ヘラクレイトスが「同じ川に二度足を踏み入れることはできない」を文字通りにとってもらうつもりだったと想定するなら、彼を理解するのは不可能である。

ヘラクレイトスがその発見を誇りとし、注意を引こうと試みていたのは、川が、そして他のすべてが、そうは見えないときでさえ、変化と流れに満ちているという事実だ。しかし、川その他がまったく混沌としているからそれらについては話すことが不可能だし、クラテュロスのように、指示し続ける羽目になる、と彼は考えなかった。結局、あの生硬な誇張は、彼が言おうとしていたことのポイントを無効にするのだ。仮にもし川が存在しないなら、それは流れで満ちることも、そもそも何かで満ちることもありえない。

少なくともプラトンは自らの誤解を役立てて実りを得た。彼はヘラクレイトスの理論だと彼が考え

たものを嘲笑したけれども、そこに一粒の真理があると考えた。アリストテレスによればプラトンは

ヘラクレイトスの言説に服した……。その言説によると、すべての感覚的事物はたえず流転している。したがって、いやしくも認識または思慮が或るなにものかについてであるならば、感覚的事物よりほかに或る他のつねに同一に止まる実在が存在すべきである。というのは、流転してやまない事物については学的認識はありえないからである。

それゆえプラトンによるヘラクレイトスの誇張は、次の本物の問いを提起するのに役立ったのである。すなわち、変化する世界について確実な知識をもつことは、いかにして可能か。

この問いの魅惑は、ヘラクレイトス自身が述べた、より理解しにくい事柄を覆い隠してしまった。彼自身の考えは他の誰によっても決して本当には発展させられなかったし、もし発展させられたとしても、どこにも導かれなかったかもしれない。だが、彼のテーマの一つが彼と同時期に、彼と関係なく扱われており、これが哲学における次の主要な段階となった。次章で扱うパルメニデスの著作は、諸事物の連続性というヘラクレイトスのテーマの発展だと理解できる。両者とも、宇宙の発展と日常的現象の働き方とについての、以前の少しずつ《ピースミール》の説明を批判し、「すべては一つ」というヴィジョンに置き換えようとした。しかし、彼らのヴィジョンはとても異なる。パルメニデス版では、何も決して変化しないのに対し、ヘラクレイトス版では（クラテュロスが考えたらしいほど猛烈にではないにせ

よ)すべてが常に変化する。遥かに大きな衝撃を与えたのはパルメニデスの思考だ。ヘラクレイトスの考えは、プラトンの不正流用の内でだけ生き延びた。

こうしてプラトンのおかげで、真のヘラクレイトスは哲学史の大半でほとんど抹消されてきた。この誤解と単純化の行き過ぎとは、意図的に晦渋で逆説的でありたいヘラクレイトスにはまさしく役立っている。彼は自らの学説が秘密にされることを望んだと言われる。だからある意味で彼は望んだことを最終的に手に入れたのである。

4　無に関する真理――パルメニデス

パルメニデスの到来とともにギリシア哲学のエデンの園に蛇が滑り入った、と言われてきた。が、聖書の蛇と違ってこの蛇は知識を提供せず、知識を取り去る、と脅した。パルメニデスの議論は、彼以前に出された自然に関する説明すべての土台を崩した。以前の思想家たちのほとんどは宇宙がいかにして発展したかを説明しようとしたけれども、パルメニデスは宇宙がそもそも発展できなかったことを示したようだ。以前の思想家たちは様々な現象をもつ、変化する世界における出来事を説明しようとしたけれども、パルメニデスは変化や多様性といったものは何ら存在しないことを証明したようだ。彼に従えば実在は一つの完全な不変の永遠なものから成っていた。パルメニデスとその弟子たち以降、彼らの困惑させる証明が後に残した瓦礫の山から、知識体系は再構築されなければならなかった。

だがパルメニデスは、自分のことを破壊者だと思っていなかった。自分は惑乱の森から出て『真理の道』と彼が呼ぶものの方へと向かう道を照らしている、と考えていた。このことを強調するため、彼は自らの推論を啓示形式の鋳型にはめた。天の旅の途上、その啓示を女神から受けた、と彼は主張する。

さてここに女神のいまして　ねんごろに私を迎え、わが右の手を
その御手にとって　私に言葉をかけて次のように語りたもうた。
おお、若者よ、手綱とる不死の馭者たちにともなわれ
馬たちに運ばれて　わが館まで到り着いた汝よ、
よくぞ来ました。この道を来るように汝を送り出したのは、けっして
悪い運命《さだめ》ではない――げにこの道は　人間の踏み歩く道の届かぬところにある。
いなそれは　掟と正義のなしたこと。汝はここで　すべてを聞いて学ぶがよい――

こうした言葉を書いた人についてはほとんど知られていない。賑やかなヘラクレイトスはそれでも実際より存在感があるようなのだが、パルメニデスはほとんど存在感がない。われわれには彼の思想という乾いた骨はあるが、その人自身という肉はないのだ。ソクラテスとパルメニデスとの想像上の出会いに関するプラトンによる記述が示唆するところでは、彼は紀元前五一五年頃に生まれた。彼は確実にヘラクレイトスより若くソクラテスより年長である。しかし、これより他に言えるのは、彼と

その有名な弟子ゼノンがイタリア西海岸にあるイオニア植民地エレアに住んだことと、初期哲学者のほとんどと同様彼も比較的裕福で著名だったようであることだけだ。

彼の思想は、どこにも由来していないであたかも本当に天から彼に語られたかのようだ。パルメニデスがイタリアから来たという事実から、彼のことをピュタゴラス派のなかの反体制派と呼んだ人もいた。だが、だいたい同時期に数学においてピュタゴラスが用いたと推定されているような演繹的証明を彼も用いたという事実を除けば、彼が反体制派ピュタゴラス主義者だと考えるための本当に重要な理由は存在しない。彼はまたかつて放浪する詩人で神学者のクセノファネスの弟子だったと言われる。しかしこれはたとえ本当だとしてもあまり参考にならない。パルメニデスの思想は高度に独創的であり、誰にもほとんど何も負うところがないようだからだ。

すぐ見るように、パルメニデスはルイス・キャロルがとても抗し難いと感じた「誰でもない(Nobody)」に関する駄洒落を思い起こさせるような仕方で、「無(nothing)」概念で遊んだ。

「来るとちゅう、だれかを追い越さなんだか?」王さまは、使者のほうに手を出して、もっとハトムギをもらいながら、そうたずねました。

「いや、だれも」と、使者は言いました。

「さだめしそうであろう」と、王さまは言いました。「このお若いご婦人も、ダレモが見えると言うておられた。どうやら、ダレモがおまえより足が速いとは言えんようじゃな。」

「あっしは、せいいっぱいやっとります」と、使者はむくれて言いました。「だれもが認めてることでさあ、あっしの速さがいちばんだってのはね！」

「そんなことはありえん」と、王さまは言いました。「もしも、ダレモの足の速さがいちばんならば、おまえよりも先に到着しておったはずじゃからな……」

同様の冗談はホメロス時代からギリシア人にも知られていた。『オデュッセイア』において恐ろしいが愚かなキュクロープス（一つ目巨人族）のポリュフェーモスはオデュッセウスを捕らえ、何という名か尋ねる。策略家で有名なオデュッセウスは自分のことを「ダレデモナイ（Nobody）」だと述べる。その後オデュッセウスが巨人の唯一の目を何とか突き刺すと、苦痛の呻きにポリュフェーモスの隣人たちは起床し、仲間のキュクロープスに助けが必要かどうか見に夜のなかに出てきた。ポリュフェーモスは自分を傷つけているのは「ダレデモナイ」と叫び、これを隣人たちは当然ながら誤解し、寝床に戻った。この話はパルメニデス哲学の萌芽を含むと論じ得る。しかし、パルメニデスによるそうした洒落の用い方は完全に新しかった。

彼の選んだ著作形式も、少なくとも哲学者にしては普通ではなかった。彼は六歩格の韻文形式を用いた。この韻律形式はホメロスやヘシオドス、また多くの比較的重要でない詩人たちの著作からなじみ深いものだった。ソクラテス以前の哲学者たちのうち、他に韻文で書いたのはクセノファネスと（パルメニデスより後の）エンペドクレスだけだった。だがクセノファネスと違ってパルメニデスは、少なくともその詩の導入部においては、英雄叙事詩の文体と比喩的表現を響かせている。たとえば彼の旅は、オデュッセウスのハデスへの旅を思わせる。そして彼を迎える女神は、より常套的《コンベンショナル》な詩的ヴィジョンに霊感を与えた詩神《ミューズ》たちを思い起こさせる。例として、ヘシオドスの『神統記』の最初に現れるヘリコン山上の詩神は詩人に、「私たちは　たくさんの真実に似た虚偽《いつわり》を話すことができます／けれども　私たちは　その気になれば　真実を宣《の》べることもできるのです」と語る。同様にパルメニデスの女神は、真なることについて、また偽なることについても――「まずはまるい『真理』のゆるぐことのないその心も、／そして死すべき人の子らの　まことの証《あか》しなき思わくも」――彼に告げる、と言う。

パルメニデスにとって、いやむしろその読者にとって幸運なことに、女神の真なる言葉は偽なる言葉から分離されている。彼の詩のうち現存するのは百五十行ばかりだが、その詩は三部構成である。すなわち、上で引用した英雄叙事詩的な序と、世界は不変で永遠であるとパルメニデスが主張する、晦渋で分かりにくい『真理の道』と、ほんの二、三の断片しか残されていない、自ら認めるとおり惑乱的な『臆見の道』とである。詩の最後の部分の現存する数行は比較的理解しやすい。それらは変化する物理的世界についての自然主義的説明を与えている。難問は、なぜそれらがそもそも存在するのか、である。いったいどうして女神は、誤導的であると彼女が認め、以前の『真理の道』と矛盾する諸事物についての説明を与えるのか。私は後でこの問いへの答えを提案する。詩の重要な部分は『真理の道』であり、これを最初に検討しなければならない（この説明をより理解しやすくするために、彼の忠実でより単純な弟子であるメリッソスから考えを幾つか借りてきて、パルメニデスの議論全体に適合するような仕方でその推論の筋道を補填するつもりである）。

　パルメニデスは思考と言語に関する単純な考えから出発し、それを哲学全体へと変容させた。彼は、人は「あらぬもの」について何事も有意味に考えたり述べたりすることができない、と思った。彼の見解では、これは無について話すこととなろうし、無について話したり考える人は、理解できる仕方で話したり考えることにまったく成功していないのだ。したがってわれわれは、「あらぬもの」と「無」をわれわれの思考から排除しようとしなければならない。驚いたことにこれは行いがたいのだ。そうした否定的概念はあらゆる種類のものに含まれているからである。たとえば、われわれは何かが存在するようになる〔生成する〕ことについて有意味に話せないことになる。それはその何かが存在しなかったときがあったことを含意するからであり、パルメニデスにとって、それは不可能なのだ。同様に、何かが存在しなくなる〔消滅する〕ことについても話せない。これも、その何かが存在しないときがあるという不可能な考えを含むからだ。こうして、何かが生成するとか消滅すると言うのは決して真ではない。したがって、すべてが永遠的なのだ。

　以上だけでも十分驚くべきことであろう。結局われわれは、諸事物が生まれ死に、生成し消滅するのを見るようだからだ。しかし、さらに悪いことが次に来る。人はあらぬものについて考えたり話したりできないという原理がもつもう一つの帰結は、何も決して変化できないということである。というのも、もし何かが変化するなら、このことはその何かがある時ある仕方で存在し別のとき存在しないことを意味するからである。しかしわれわれは、あらぬものについて話すことができないから、変化について話せない。また、何事も動かないということにもなる。何かが動くなら、ある時それはある場所にあり別の時その場所にあらぬのである。しかし、何かがある一定の場所に存在しないとわれわれは言えないので、それが動くと言うことができない。もしパルメニデスが正しければ、宇宙が絶え間なく騒々しいとしたヘラクレイトス以上に間違うことは不可能であろう。

　パルメニデスはまた、何であれ存在するものは常に完全であったに違いないと主張する。それが何かを欠くとか、かつて欠いたと言うことは、存在するものがそれであらぬところの何かがある、もしくはあったと言うことであろうし、そのようなものは言うことも考えることもできないのだ。それゆえ、パルメニデスが正しければ、アナクシマンドロスとアナクシメネスが与えた宇宙についての説明は完全に間違いでなければならない。彼らの言ったような仕方で、あるいは他のどんな仕方でも宇宙は発展しえなかった。それは常に完全に発展していたに違いないからだ。宇宙が時間を通じて発展しえなかったと主張する間にパルメニデスは、宇宙が無から突如存在するようになりえなかったと考えるための理由を追加する。「そもそも何の必要がそれをかり立てて／以前よりもむしろより後に　無から出て生じるように促したのか」と彼は尋ねる。言いかえると、もし宇宙が無から生じたとすると、なぜ宇宙はそれが生じたまさにその瞬間にはそうしたが別の時にはそうしなかったのか。この問いには、パルメニデス以前の誰一人として取り組まなかったようだ。

ちょうど宇宙――あるいはパルメニデスが好む呼び方では、「あるもの」――がいつでも同一であるように、それはどこでも同一である。空虚である宇宙の部分は存在しない。空虚がある部分には無が存在することとなり、そんなことはパルメニデスにとって明らかに不可能であるからだ。全体が完全でなければならない。最後に、パルメニデスは「あるもの」が一様で相違点がないと考えたので、それは単一で唯一のものだと主張する。言いかえると、ただ一つのものが存在すると彼は考える。ある時点で彼は、「あるもの」が「姿完全にして揺がず　また終わりなきものである」と言う。それは完全であるから(また、私は省略するが、ずっと複雑な理由から)、パルメニデスは一つの存在するものを秘かに球にたとえて『真理の道』を終える。球をギリシア人は通常、完全な形と見なしていた。それは「まん中からあらゆる方向に均等を保つ」と彼は言う。かくして今やわれわれは「真理」を、いやむしろパルメニデスによる真理の信じがたいヴァージョンを知っている。誕生、死、変化、運動、多様性は存在しない。ただ一つの永遠で不動のもののみが存在し、それは完全で、分割できず、球に似ていなくもないものである。

この一連の思考について一つ顕著なことは、その整合性《コンシステンシー》である。何度も何度もパルメニデスは「あらぬもの」について考えることの不可能性へと立ち戻る。これがその思考のもつ美しさである。この一つの断定された不可能性から、彼はクモの巣を紡ぎ、その網が変化、運動、誕生、死、多様性、不完全性を捕らえ、彼はそれらをむさぼり食うのだ。しかし何かがどこかでとても間違っている。アリストテレスが述べたように、「諸議論にもとづくかぎりはそうした結果になると思われるとしても、しかし事実にもとづくかぎりでは、そのように思いなすことは狂気とほとんど等しいように思われる。」

パルメニデスの諸見解は常識と激しく衝突するというだけではない。それはまたお互いに衝突するし、格別ずうずうしい仕方でそうする。彼は頻繁に事物を否定する――たとえば彼は、運動や誕生や死が存在することを否定する――し、そうする際彼はあらぬものについて話し考えているが、これは彼自身の見地からは不可能であるべきことなのだ。あらゆる否定的思考を遠ざけると明言するときにそんなにもたくさん否定を行うのは奇妙なことである。

けれどもこの反論は物事の核心に達していない。それが示すのは、パルメニデスが言っていることのどこかがおかしいということなのだが、どこが、また何故おかしいかを示してはいない。必要なのは検死であって、死亡証明書ではない。幸運にも、どこから面倒が始まるかを見出すのに遠くまで見るには及ばない。それはまさしく最初の部分であり、あらぬものについて考えたり話したりできないという原理である。パルメニデスが何と言おうとも、われわれがそうすることができるのは明らかだ。われわれは例えば、ユニコーンがどこにも見出せない、クリストファー・コロンブスは今日生きていない、チョークはチーズでない、私は銀行にまったく預金がない、その他とても多くのことを有意味に言い、考えることができるが、それらはすべて「あらぬものについて話すこと」と記述されうる。そしてもしあらぬものについて話したり考えたりすることに何ら間違ったところがないなら、わわれわれはパルメニデスの奇怪な結論に抵抗できる。パルメニデスはこの診断に感銘を受けなかっただろう。当然、人々はあらぬものについて考え話すことができると信じるけれども、彼らは間違っているのだ、と彼は言うだろう。彼によると、あらぬものについて考えたり話したりしているように見えるとき、われわれは「無意味な音を」たてているにすぎない。彼が描く女神が述べるとおりだ。

汝すべからく　探求のこの道から想いを遠ざけよ。
また汝が多くの経験に支えられた習慣に強いられて　この道を行きながら
もの見分けえぬ眼と　鳴りさわぐ耳と　舌とを働かせることのないように
汝はただ理《ことわり》（ロゴス）によってこそ　私によって語られた異論多き論駁を判定せねばならぬ。

現《あらわ》れなど気にせず、ただ理性が告げることだけ考察せよ、と女神は言っているようだ。私の議論を開かれた心で見よ、常識的な偏見を忘れよ、そうすれば真理が理解されるのだ。

仮に女神がパルメニデスにより多くのことを語り、パルメニデスがわれわれにより多くを語ってくれていたなら、この忠告に従うのはずっと簡単だったろう。あらぬものについて考えたり話したりすることができないという原理を説明する詩の部分は混乱していて不明瞭だし、おそらくすべてがそこにあるわけでない。その上パルメニデスはよい詩人でなく、自身の長短短六歩格のうちでたびたび縺《もつ》れてしまった。そしてたとえもし仮に彼が率直な散文を書いたとしても、この原理がなぜこんなに彼の心を摑んで離さないのかの理由をはっきり説明することはできなかっただろうから、今となっては彼の代わりにそうすることは誰にもできないだろう（ルイス・キャロルの王ならおそらく、それゆえダレデモナイがパルメニデスより賢明だ〔パルメニデスより賢明な者は誰もいない〕、と付け加えるだろう）。それでも、物語を部分的に再構築することができる。パルメニデスは考え話すことができるものとできないものについて何かくだらない誤りを単純に犯したのではなかったということが明らかになる。むしろ、彼はむしろ巧妙《クレバー》な誤りを犯したのである。

どうやらパルメニデスは、思考するという行為が、何であれ思考されているものとの一種の直接的接触を含むという結論に達したようだ。実際、そのように表現することはなかったけれども、彼は思考することを、触れることに似た何かと見なした。そこにない何かに触れることはできないから、パルメニデスに従うと、それについて話したり考えたりすることもできないのだ。あらぬものについて考えようとするのは幽霊に触れようとするようなものだ。こうしたわけで彼は「無」や「あらぬもの」といった否定的観念を追い払い始めたようだ。

精神は精神が思考するものと接触していなければならないというこの考えの優れた点は、それが誰もかつて尋ねることさえ思いつかなかった問いへの答えの一部となっているところである。その問いとは、頭の中の語と思考はいかにして外部の事物を指示し記述するのか、あるいは別の言い方では、言語と思考は世界にどのようにしてつながっているのか、である。パルメニデスが発見できた唯一の答えは、精神がどうにかしてほとんど文字通り世界に触れるに違いないというものだった。これはとても啓発的というわけではないが、少なくとも出発点ではある。

今日ではわれわれはパルメニデスよりもこの主題についてずっとよく理解することができるが、しかし思考と意味に関する多くの問いが依然として未解決のままだ。心理学者、理論言語学者、哲学者、認知科学者は、それらの問いに専心している。パルメニデス以来、思想家たちは、思考と言語を可能とするのは、心と世界との間の、正確にはどのような接触か、と問うてきた。前世紀初頭、幾人かの哲学者がそうした問いに焦点を当て、最初期の答えの幾つかにはパルメニデスの微かな名残があった。それでもあらぬものについて話すときはいつも、実は何も言っていないと主張するほどまである人が行ってしまってから、ずいぶんと時間が経っている。実際のところ、パルメニデスと弟子たち以外の誰もそれを飲み込んだ者はいないようだ。

パルメニデスが「あらぬものを話すこと」により精確には何を意味したかの問いを推し進めることで、パルメニデスのクモの巣のもつれを解きはじめたのは、プラトンだった。プラトンは「あらぬ」が用いられうる異なる幾つかの仕方を区別し、そうしてパルメニデスが一見行ったようにそれらすべてを積み上げて塊にするのがいかに生硬であるかを示した。「ある」と「あらぬ」の概念が区分けされ解明されるなら、「あらぬもの」について話すことの可能性に悩む理由は少なくなる、と分かる。否定語を用いることや否定することは、何も言わないことと同じでないと理解することが簡単になる。プラトンは問題の完全な取り扱いを提供しなかったが、しかし彼の分析のおかげで、彼の弟子アリストテレスはパルメニデスを次の評とともに退けることができた。「『ある』が単一の仕方で用いられるという彼の想定は偽である、なぜなら『ある』は幾つかの仕方で用いられるから。」

しかしながら、下手な詩を作っただけでなく自分の母語さえ理解できなかった人としてパルメニデスを片付けてしまう前に、心に留めておくに値することがある。「あらぬものについて話すこと」の概念を明確化するためにプラトンが用いた文法的分析道具は、ソクラテスの時代にアテナイに集まった巡回教師のソフィストたちによって、初めて発展させられた(9章を参照)。そうした文法用語と区別はパルメニデスの若い頃にはまだ普及していなかったし、そうした問題について体系的に考えることは彼には思いもよらなかったのかもしれない。実際、もしパルメニデスや初期思想家たちの謎に満ちた言明がそうするようプラトンやアリストテレスを促さなかったならば、そうした問題に関し考えることは彼らにも決して思いつかなかっただろう。われわれが今ではあまりに明らかであってほとんど些末なことだと見なすような言語に関する幾つかの事実を正当に評価できなかったのがパルメニデス一人でなかったのは確かだ。彼を擁護して、彼には魅力的だったような思考と接触のアナロジーは、われわれの時代ではこじつけに見えるが、彼の時代にはおそらくそうではなかったことも記しておきたい。『真理の道』で「考える」と訳されるギリシア語動詞(noein)には、われわれの「考える」という語(think)と違った含蓄があった。それが示唆するのは、世界の中の実在物の一種の認知であり、通常は感覚を通じて行われるものであり、だからそれは「知覚する(perceive)」とほとんど同じ意味となる時があった。実際アリストテレスはかつて、パルメニデスの時代とそれ以前の人々は「思慮することと感覚することが同一であると主張している」と記した。

プラトンは『真理の道』を無慈悲な言語学的外科用メスで解剖したけれども、パルメニデスその人については尊敬をもって語った。対話篇の一つでプラトンは彼の英雄ソクラテスに言わせた。「私はこれらの人たちより、ただ一人あるパルメニデスに対してなおさらその畏羞《いしゅう》を感じるのです。パルメニデスという人は、私の見るところでは、ホメロスのいわゆる『畏敬すべく、また畏怖すべき人』という感じがするのです。それというのはですね、私はごく若い時にあの人に会って、ちょっと親しくさせてもらったことがあるのです。その時あの人はもう大へんな齢でした。そして私には、あの人はあらゆる点で高貴な、何か底知れないものをもっているように見えたのです。」確かにパルメニデスはプラトンに形成的影響力を与えたことになる。プラトンが彼から見事に受け継いだものの一つは、何であれ究極的に実在的なものは不変であり創造されたのでなく不死でなければならないという考えである。もっとこの結論のためにプラトンが差し出した議論は「あらぬものについて考えること」について言い立てられた不可能性とは関係ないが。またプラトンは、パルメニデスによる理性と感覚との間の鋭い対照にも、知性が何らかの仕方でより優れているというピュタゴラス的(究極的にはオルフィック教的)考えともども、共鳴した。すでに見たようにピュタゴラス派はそうした「合理主義(rationalism)」を曖昧な形で支持していた。しかしパルメニデスはそれを現実に働かせた初めての人物だった。

知性と感覚のこの対比を基礎にしてプラトンは、世界を二つの領域に分割する理論を作った。一つは永遠で不変であり、理性の行使を通じてわれわれはそれを知るに至る。もう一つは変化し変転し、感覚を通じてわれわれはそれらを学ぶ。パルメニデスと違ってプラトンには、われわれが見て聞いて触れる劣った世界が、それでも、より少ない意味でではあるが、実在的であることを受け入れる用意があった。パルメニデスは感覚世界を不可能な幻影として退けたし、われわれは感覚を通じてそれについて学ぶとは言わずに、感覚がわれわれをどうにかして騙してそれを間違って信じさせると言っただろう。二人の間の別の違いは、プラトンはより優れた領域が永遠で不変だと考えたけれども、そこには多くのものがあると主張した点だ。究極的実在は、パルメニデスの述べたように「一」ではないのだ。その構成要素は純粋で不変の諸形相もしくは諸イデアだった(これについてはプラトン自身を扱う際にもっと十分に述べる)。このようにプラトンはパルメニデスの見取り図の一部を保持し、他の部分を破棄した。彼が惹きつけられたのは、生まれることのない、変化も死もない究極的実在という考えだ。しかしこれは彼には不十分だった。通常の世界は存在できないと信じるためのパルメニデスの理由にも彼は感銘を受けなかった。そこで彼は感覚世界のための場所を見つけようと試みた。

彼は、そのようなことを行った最初の人物ではなかった。紀元前五世紀の四人の重要な思想家たち、そのほとんどはプラトン以前に著作を行ったが、彼らはパルメニデスの考えの少なくとも幾つかをしっかり採用しながら、日常的世界を復権させようと奮闘した。こうしてエンペドクレス(紀元前四九四頃〜四三五頃)は、四元素——火、空気、水、土——が存在し、それらはちょうどパルメニデスの一者のように永遠的で不変である、と述べた。しかし、それぞれの元素自体は特性を変化させたり生成したり消滅したりすることは決してないけれども、四つは動き回り互いに結合してわれわれが眼にする日常的現象を生むことができる、とエンペドクレスは考えた。アナクサゴラス（紀元前五〇〇頃〜四二八頃）も、どの根本的実体も創造されたり消滅させられたりしないことに同意した。しかし、エンペドクレスのようにただ四元素だけでなく、彼はあらゆる自然的実体を永遠的で不変な地位へ昇進させた。通常の対象はこれら不死なる実体の混合からできあがっている。エンペドクレス同様、多様で変化する世界はこうしてそれ自身は永遠的で不変な構成要素からこしらえられるのである。

　このメニューの最後のそして最も影響力のあった変奏曲《ヴァリエーション》は「アトミズム（原子論）」だった。レウキッポス（紀元前四六〇頃〜三九〇頃）とデモクリトス（紀元前四六〇頃〜三五七頃）は、ごく小さい、運動する「アトム」の理論を提示した。アトムは、永遠的で不変であるといういつものパルメニデス的性質をもち、形と空間における位置の点でのみ互いに異なっていた。アトム以外のすべてのものはアトムによって説明される。すなわち人々と動物を含むすべての自然的実体と対象はアトムからできており、それらアトムは「空虚」（すなわち空虚な空間）内をあちこち疾走し、ついには他のものと衝突して木、人、銀の塊その他を形成する。この忙しい世界はパルメニデスが心に描いた世界から遠く隔たっている。それは運動、多様性、（所々では）空虚な空間を含むのである。

　パルメニデスの後継者たちの幾人かがパルメニデスの主張にどう対処したかを、われわれはこれで見たことになる。だが、彼自身はどう対処したのか。彼は自分を不可能な立場に追い込んでしまった。もし(彼の考えたように)ただ一つのものが存在するなら、人間としての彼の余地はあるのか。彼の議論に従うと、彼は彼が拒否した運動変化する常識的世界と同じく虚構的でなければならないか、あるいは不変の球の如き一者と同一でなければならない。そして、この馬鹿げた選択は別としても、彼が描くような世界において人はどのように振る舞うと考えられるのか。運動変化は不可能だから、何かをしようとすることに意味はないであろう。パルメニデスの忠実な弟子メリッソスのジレンマを考察しよう。彼はパートタイムの哲学者であるとともに、サモス島艦隊の提督であり、紀元前四四一年にアテナイ海軍との有名な戦いに勝利を収めた。だが彼は自分の師匠の見解のほとんどすべてを受け入れていた。では彼は自分に何ができると考えていたのか。船は動けない、彼は動けない、戦いは起こりえない、その上誰も戦う人はいない。

パルメニデスとメリッソスは普通の生活をある種の幻影、あるいは少なくとも、人が戯れたほうがいい当惑させる謎と見なしたと推測できるだけだ。彼らはけっしてそうは言わなかったが、しかし彼らが他にどう考えることができたかは理解しがたい。二人とも普通の生涯を送ったし、したがって自分たちが公言した哲学的信念に従って行為することに——というよりも、行為しないことに——失敗したのである。

ひょっとすると、自分たちが信じていることを日常生活の必要事に一致させることの諸困難に彼らはほとんど気づかなかったのかもしれない。われわれには分からないし、パルメニデスの詩の第二部である『臆見の道』にも何ら助けになるものはない。そこでは女神が人々の間違った信念について説明している。助けになるどころかそれらの諸断片は単に難問を増やしているにすぎない。プルタルコス（紀元後四六頃～一二〇頃）が次のように述べるとおりである。『臆見の道』においてパルメニデスは「大地や諸天体と太陽と月について多くのことを述べたし、人々の出現を物語る……。」しかしパルメニデスはそうした物語が厳格な『真理の道』の議論といかにして調和できるか説明しない。『真理の道』によるとただ一つのものが存在し、新しい何ものもけっして生成しない。

だが、『臆見の道』がパルメニデス自身のよく考えた上での見解を与えないとしても、それは、他の人々が何と言っていたかについての単なる歴史的記録を提示するのでもない。それは独創的な説明であり、ピュシキのスタイルでなされているが、部分的にはずっと洗練されている。それを与えるのは「死すべき人間のいかなる思考もあなたを決して凌駕しない」ためだと女神は述べている。このことが示唆するのは、パルメニデスが自らの詩に『臆見の道』を含めたのは自分が従来の知恵をしっかり把握していることを示すためだったということだ。彼は自分も日常世界の自然主義的説明を工夫するゲームをすることができることを示すために、ミューズに真理と虚偽の両方を語らせる（ヘシオドスにおけるのと同様の）伝統を利用したのである。それをすることは誰にでも可能だし、自分はほとんどの人々よりうまくそれができる、と彼は言っているように見える。

いずれにせよ、『真理の道』は誰にでも書けはしなかったろう。それは時と場所を考慮すると驚嘆すべき業績である。パルメニデスの抽象的議論は理性の暴走かもしれないが、しかし少なくとも理性の活動ではあり、しかも史上最初のことであるらしい。一つの原理――「あらぬもの」についてのあらゆる思考を避けるという原理――から観念の網を紡ぐ試みによって、それは数学外部でも演繹の体系的使用を開始したのだ。それはまた、世界と、世界についての人間の知識とに関する衝撃的結論を引き出すために、一般的原理を用いて議論を拡張するような形の思考を開始した。世界がその見えているのとは違ったふうに存在していると考えた哲学者たちに、われわれはすでに出会っている。パルメニデスにおいて新しいのは、このことを論証する、また実在の真なる特徴が何かを苦労して理解する、試みにおいて彼が詳細な証明を使用したことである。彼の教えのこの側面は、思考の歴史の数カ所で表面に現れるシーム〔二つの地層間の岩石・石炭などの薄層〕の始まりとなっている。その最も極端な例はヘーゲルとその門下の著作だ。哲学史講義においてヘーゲルは「パルメニデスは本来の哲学を始めた」と言った。これにより彼が意味したと思われるのは、パルメニデスは、ヘーゲルを先取りするほど賢明な最初の思想家だったということである。

パルメニデスについてヘーゲルが語ることとの残りの部分は不明瞭だが、しかしヘーゲルに最も魅力的だったのは「束の間のものには真理がない」という見解――大まかに言えば、何であれ変化するものは実在的でありえない、を意味する――であるようだ。実にこれがパルメニデスの主要な考えであり、これに宗教的もしくは神秘的な意味をもたせるのは簡単である。もっともパルメニデスによる綿密に推論された議論の使用は、より因習的でロマンチックな神秘家から彼を遠く引き離してはいるけれども。（ニーチェは、パルメニデスの「畏敬の念を起こさせる抽象の……水ぶろ」と上手に書いた。）

無時間的で統一されており不変的な、パルメニデスの究極的実在概念と、単一の不変の、クセノファネスの神概念――これは当時ギリシア人には異例の考えだった――との間には確かに強い類似性がある。しかし、パルメニデスがクセノファネスに影響を受けたのか、それともニーチェの考えたように、彼らの間の類似性は顕著な偶然の一致であるのかと熟考しても意味はない。日常世界の騒乱を超えた、天の永遠性と静止の領域というヴィジョン、これはクセノファネスの詩とパルメニデスの議論の両方に反映されているが、あまりに深いところにあるので、ある一人の著作家の所有とすることはできない。

独創性と歴史的重要性にもかかわらず、パルメニデスの推論が小さな不条理以上のものだという事実は否めない。安楽椅子に座って――あるいはパルメニデスの場合、おそらく天の戦車に座って――ずっと直接的で信頼できる手段によってわれわれが見出しうるものを軽率にも否定する議論をでっち上げるのはまったく愚かではないか。周りを見回すだけで無意味だと分かるのに、ただ一つのものが存在すると証明しようとすることに何の意味があるのか。

けれどもパルメニデスによる出発点が際立って説得力がないことが、そのような証明の企てに大きく悪影響を及ぼすのを許してはならない。時代の常識と考えられることと直接衝突するときでさえ、抽象的な論理的議論は重要な真理を明らかにできるのだ。「常識」は時に間違っており常に不完全だからだ。パルメニデスの足跡をたどる、最初の、ひょっとすると依然として最も価値のある試みの一つは、彼の弟子ゼノンの著作に見出されることになる。次章、ゼノンについて述べる。

5 パラドックスの諸方法――ゼノン

世の人々がパルメニデスの『真理の道』の結論が馬鹿げていると気づくのに二五〇〇年もかかりはしなかった。それは彼自身の時代に十分明白だったが、だからといって彼の忠実な弟子ゼノンの妨げにはならなかった。ゼノン（紀元前四九〇年頃に生まれた）は、対抗する「常識」的見解に対して形勢を逆転できると考えたので、確信したパルメニデス主義者であり続けた。

ゼノンがいかにしてそうしようとしたかについての、彼自身のものと目論まれた言葉での説明が存在する。女神アテナに捧げられた音楽と詩とスポーツの四年に一度の祭礼であるパンアテナイア祭へと、故郷エレアからパルメニデスとゼノンがかつてアテナイにやって来たときのことを、プラトンが語っている。アテナイ滞在中彼らは若いソクラテスと出会い、ゼノンは自らが著した論考を朗読した。ソクラテスはゼノンにその書物について質問し、ゼノンが答えた。それは「本当のところは、パルメニデスの説に助勢するためのものであり、この説を笑いものにしようと企てている人たちに対抗するためのものなのだ。」ゼノンは賢明にも、攻撃が最善の防御だと結論した。彼の軍勢は一連の巧妙なパラドックスから成る。それらパラドックスは常識的見解が受け入れがたい結果へと導かれると論証することによって常識の信用を失わせようとする。それら難問の目指す結果は、パルメニデスの敵対者が少なくとも彼と同じほど馬鹿げていることを示すことによって、パルメニデスをよりよい光で照らすことだ。

たとえば、ゼノンの悪名高い運動のパラドックスの一つを考察しよう。議論のために、パルメニデスは否定するが常識がそうだと言うとおり、運動が実際に可能だと想定しよう。また例証のために、足の速いことで名高いアキレウスがパンアテナイア祭で徒競走を行おうとすると想定しよう。ゼノンはアキレウスに、決勝線に到達できる以前に、半分まで達していなければならないことを指摘する。そして半分まで達することができる以前に、全体の四分の一にまで達していなければならない。そして四分の一にまで達することができる以前に、全体の八分の一にまで達していなければならない。アキレウスは自分が困ったことになっていることに気づき始める。この論法は無期限に続行しうることははっきりしているからだ。アキレウスはそれゆえ、ある距離を踏破できる以前にその半分を踏破しなければならないし、その後無限に続くから、いかなる距離もけっして走ることができない、とゼノンはアキレウスに確信させる。こうしてその競走はけっして始まりえない。これが運動について話し始めるなら陥ることになる類の困難だ、とゼノンは仄《ほの》めかしているようだ。パルメニデスが正しいと認め、何も運動しないと述べる方がよいのだ。

こうした結果をもつ、さらに多くの難問が存在する。ゼノンのパラドックスのうち九つが現存する。四つが運動についてであり、三つは「複数であること」――すなわち、パルメニデスの一者だけではなく多くの事物が存在するという考え――を狙いとしており、一つは空間概念に向けられ、一つは感覚が信頼できないことを示そうとする。元々はずっとたくさん存在していたかもしれない。ゼノンが論争用難問を発明する天才であったことは明白だからだ。プルタルコスは、アテナイの政治家・雄弁家のペリクレスの伝記において、ペリクレスはかつて「エレアのゼノンの講義も聞いた。……ゼノンは……問答によって相手を困惑の淵に陥れる論駁術の技をも会得していた」と述べている。

アリストテレスは、ほとんどすべてのことに答えをもっていたが、ゼノンのパラドックスによって落胆させられなかった。彼は自分がその逃れ方を理解できた――実は解決の幾つかはうまくいっていないのだが――と考えた。だが確かに彼はゼノンを「弁証論《ディアレクティック》の発見者」として認めた。「弁証論」によってアリストテレスが意味しているらしいのは、プラトンの初期対話篇においてソクラテスが用いているような、真理へと達するための方法である。ソクラテスは人々の意見を尋問し、鋭利な質問によって人々が思ってもいなかったような帰結を穏やかに引き出すのを好んだ。そうして少しずつ人々の意見を掘り崩し、手許にある問いにうまく答えるためにはより遠くを見る必要があることを人々に気づかせた。このやり方は確かにゼノンの「論駁的」テクニックの拡張であるようだ。上述のパラドックスにおいてゼノンは、運動する（特に徒競走を行う）ことが可能だという常識的見解を取り上げ、この考えがやがて問題へとつながることを示そうとしている。明らかにゼノンは素早いノックダウン議論を専門としているが、他方ソクラテスはゆっくりと敵対者と取っ組み合い地面へと押さえつけてゆくし、またそうすることが敵対者自身のためになるという印象を常に与えた。しかし両者とも、他の人々が言ったり信じたりしていることから歓迎されない帰結を導出するという、外見上は否定的な戦術を用いた。

ソクラテスが行ったような弁証論をプラトンは、究極的には肯定的だし、知識への必要な準備だと正しく見なした。その目的は敵対者を論争において論駁することでなく、知恵を得るという相互的な企てにおいて誤りを排除することだった。ソクラテス自身は自らの問いかけをそのように考えていた。

ゼノンの目的はこれほど気高くなかったようだ。ソクラテスと違って彼は、師パルメニデスが壮麗に述べた信じがたいことを擁護したいという欲求を除けば、何ら建設的意図をもたなかったようである。こうしてゼノンには、かなりのいたずら好き――独創的だとはいえ、真のトラブルメーカー――という印象が残る。しかし歴史は、彼に対する非難の不当性を立証してきた。それは彼に何か好意的なことを発掘することによってではないし、彼の結論が結局正しかったことを示すことによってでもなく、むしろ彼のパラドックスの内に永遠に刺激的なものを大量に見出すことによってであった。哲学者・数学者のアルフレッド・ホワイトヘッドが一九二一年に書いたように、「著作を行って以来、毎世紀、論駁されるのは、勝利の極致である。……誰もゼノンを論駁せずにはゼノンに触れては来なかったし、どの世紀でもゼノンは論駁するに値すると考えられたのだ。」

ゼノンのパラドックス、特に運動に関するそれは、ソクラテス以前の思想における他の主な議論より長生きしてきた。それらのパラドックスは彼の時代から今日まで、数学者、物理学者、哲学者によって詳細に論じられてきた。二十世紀初頭のバートランド・ラッセルによる扱いは、まだ期限切れとなっていなかったそれらに新たな生命を吹き込んだ。それらはまた、トルストイの『戦争と平和』(そこでは、運動の知覚と歴史の理解の微妙なアナロジーを誘発するのにそれは役立っている)から二十世紀の笑劇《ファルス》(そこでは、混乱した形のそれらの一つがちょっとした息抜きを提供するのに役立っている)までの、幾つかの思いもよらない場所に現れた。

それらパラドックスはずっと人を魅了し続けているだけでなく、それらは現在でも埋葬されてはおらず、依然としてそれらからわれわれが学ぶべき教訓は多いと言われることもある。この驚くべき主張には真実も含まれるけれども、少しばかり誤導的でもある。ゼノンのパラドックスが長命なのは、それらが正確には何なのかをわれわれが知らないという事実に多くを負っているのだ。彼の最もよく知られたパラドックスの場合、それらについての圧縮された、不明瞭な、ことによると不正確な、アリストテレスによる要約にほとんど完全に依存しなければならない。こうした事情により多くの論争の余地が残ってしまい、注釈者がゼノンの失われたテキストの内に自分の考えを書き込む解釈と再解釈の際限ないゲームを行えることになる。また、ほとんどのパラドックスは何らかの仕方で無限概念を含んでいるし、それらパラドックスについて常により多くの言うべきことがあると思われるという事実は、無限について常により多くの言うべきことがあると思われるという事実（これは似つかわしいことではある）を反映している。各時代の科学者と哲学者は、空間と物質の分割可能性とか時間概念や空間概念といった、無限と絡み合っている主題に関する自らの思考を引っかけておくための掛けくぎ《ペグ》として、ゼノンのパラドックスを用いる傾向がある。無限というパンドラの箱を思想家たちに開けるよう促すことによって、二千年以上後になってもまだニュートンを悩ませた一群の難問をゼノンは放ったのだ。彼のパラドックスは現代物理学の論争の中に引きずり込まれてさえいる。

　こうして、ゼノンのパラドックスの一つの有益な特徴は、その解決に厳密に関連する問いよりも多くの問いを提起する点である。たとえばアキレウスの徒競走に関する解決は以下のようになるかもしれない。もしアキレウスが何らかの距離を踏破できるとすると、彼はそうすることによってまたその半分の距離を踏破しなければならず、以下無限にそうなるというのは正しい。そしてこのことから、ある意味で彼が横切らねばならない無限の距離があるということになる。しかし、彼はそれらの距離を、次に進むことができる以前に各部分を踏破しながら、一つの時に一つの距離を横切らなければならない、ということにはならない。これは決定的な欠陥である。パラドックスに関する現代の注釈者が挙げるアナロジーが役立つ。卵が理論的に無限に多くの部分に分割できるという事実は、それを食べるために各部分を一つずつ食べなければならないことを意味しない。仮に本当にそうしなければならないなら無限に早く食べることができなければならないか、あるいは星々が消滅するまで朝食を食べ続けなければならないかのいずれかとなろう。幸運にも、どちらも必然的ではない。ちょうど、一口で無限の小部分を平らげることになるから、二、三口で卵の無限に多くの部分を食べることが可能なように、各一歩で無限に多くの小さな距離を前方へと進むから、扱いうる二、三歩で無限に多くの距離を走ることが可能である。この論点だけで、上述ヴァージョンの徒競走のパラドックスを反駁するのに十分である。しかしそれはさらなる問いを促す。いかにして通常の競争場――たとえば百メーターのそれ――が無限に多くの距離をその中に詰め込めるのか。そうしても無限に長くならないのはなぜか。もし卵に無限に多くの部分があるなら、その卵はなぜ無限に大きな卵とならないのか。

実際、彼のまた別のパラドックスの中でゼノン自身がこの問いを立てた。問いへの答えは、半分へ、半分の半分へと細分してゆくにつれ、卵の諸部分と競走場の諸部分は限りなく小さく小さくなるという事実にある（そのような一連の減少は数学者によって、極限《リミット》に達することはけっしてなしに極限に「収束する《コンバージ》」ことだと言われる）。ゼノンは気づいていなかったようだが、こうした場合に小ささの最終的極限は存在しないという事実は、より多くの部分を詰め込む余地が常に存在することを意味する。したがって、普通のサイズの卵に無限に多くの諸部分があると想定することには矛盾は含まれないし、百メーターの競走場が無限に多くの距離を含むと想定することにも矛盾はない。

こうした無限の巣窟に依然として悩まされている読者は、不安を覚えているのは自分が最初ではまったくないという事実に、気をとりなおすかもしれない。完全に消滅することなしに減少を続ける一連の分割という概念は、十九世紀になるまで満足のゆく仕方で説明されなかった。それまでにニュートンとライプニッツが微積分学を発明して関連する問いに関していくらか前進した。しかし彼らの仕事のおかげで科学者は、以前には不可能だった運動と変化に関する様々な計算を行えるようになったとはいえ、幾つかの混乱した考えは残されたままであったし、それらはデーデキント、ヴァイエルシュトラース、カントルその他十九世紀の数学者たちのさらなる仕事が出るまで、明らかにされなかった。ニュートンの不格好な無限小の量という考えは、彼自身が気に入っていなかった微積分学の特徴だが、それはとりわけ十八世紀の哲学者バークリー僧正によって正しくも攻撃された。バークリーはそうした「無限小」を「物故した量(departed quantities)の幽霊」として嘲った。それら幽霊を追い払うにはカントルその他の天才を必要としたから、依然としてそれらに少々取り憑かれても当惑する必要はほとんどない。

運動についてのゼノンのもう一つのパラドックスはそうはっきりと数学的ではないが、しかし同様に巧妙なものである。それが示そうとするのは、見かけは飛んでいる矢が、その飛行のどの瞬間をとってもそれ自身とまさしく等しい空間を占めているから、実は動いていないことだ。たとえば「運動している」十二インチの矢はそれぞれが十二インチの長さの一連の空間を占めるだろう。ゼノンは、矢は十二インチの各空間で常に静止していることをこのことは含意すると考えたようだ。矢は正確にはいつ運動すると考えられるのかと尋ねることによって、彼の論点は別の仕方で表現できる。言い立てられた飛行を考察するなら、矢は今は一つの場所にあり、ついで別の場所にあり、その間の各瞬間にはその間の場所にあることが分かる。したがって矢は常にどこかの場所で静止しているようだ。すると矢は一つの場所から次の場所へといつ運動するのか。矢がそうする時間は存在しないように見える。

これはちょうど矢の流動的運動を、矢の飛行の各瞬間をそれぞれ別個に考察することによって、一連の静止した写真へとゼノンは凍結させたようなものだ。ある意味、彼がそうするのは正しかった。すなわち彼がかすかにつかんだ真理は、運動が一連の不動なものから成り立っているという事実である。ゼノンの誤りは、ここから、何ものもけっして動かないと結論したことだった。というのもある物体が運動していると言うのは、単にそれが継起的な時刻に連続した別の場所を占めると言うにすぎないからだ。それゆえ、ある瞬間に矢が運動すると言うことができることをゼノンが否定したのは正しい――各瞬間に矢が静止しているからではなく、個別的瞬間に適用されたとき運動と静止との区別に意味はないからだ。それに意味があるのは、拡大された一定の期間を考察するときだけだ。こうして、もし矢がある期間すべての時にわたって同一の場所にあるなら、それは静止しているということができる。他方もし矢が様々な場所にあるなら、それは動いた。運動はこれより以上でも以下でもない。

この説明は、運動についての静的理論として知られており、ゼノンの矢のパラドックスはそれを受け入れるための強力な理由を偶然ながら提供している。本書では考察されない別のパラドックスは、ある対象の運動は別の対象の運動と相対的にのみ決定されうるという事実を、偶然ながら論証している。すなわち、いかなるものもそれ自身で運動しているとは言えず、ただ他の事物との関連でだけそう言われるにすぎないのだ。こうして、彼の明確な目的だった運動概念の排除のかわりに、ゼノンのパラドックスは実は、運動が何に存しているかについてより正確な理解へとわれわれの目を向かせることによって、運動によりしっかりした土台を与えているのである。

われわれは今や、ゼノンの業績全体について述べることができる立場にいる。彼のパラドックスは問題を提起し、その問題には彼の同時代の思想家たち、いやそればかりかずっと後世の思想家たちもどうやって十分に答えたらいいか分からなかった、ということはすでに見た。パルメニデス同様、ゼノンのためにも次のように主張できる。つまり、われわれが——たとえば徒競走のパラドックスや運動の定義といった問題について——彼よりもなぜよく理解できるか、その理由の一つは、ゼノンの謎が後の思想家たちを導いて、謎を扱うために彼らに自分たちの考えを洗練させたからなのだ。考えは進化するが、その進化を助けるのがゼノンの謎のような独創的な問題なのである。

ゼノンは難問を探して見つけ出すことに熱中しすぎたし、結局、諺にあるように浴槽の水と一緒に赤ん坊を流してしまったようだ。何かが運動することの否定という極端なことを言うかわりに、運動と無限は何かさらなる探究を必要としているとだけ言った方がずっと理に適ってはいなかったろうか。後知恵では、答えはイエスだし、ゼノンは行きすぎたけれど、そのおかげで少なくとも多くの注意が彼に集まった、と言える。しかし、この評決の中にどれだけ多くの後知恵が梱包されているかに気づくべきだ。彼の反論を説明するために、運動概念と無限分割概念を改善し再構成することが可能だと分かった。だがゼノン自身はどうやってこれがなされうるのか予見できなかった。彼に見ることができた限り、運動概念と無限分割概念には意味がなかった。

ゼノンのパラドックスが示すことに成功していることの一つに、机上の熟考でも十分に知識があればとても多くのことを達成できるということがある。彼のパラドックスは考えを明晰化し刺激するが、それは知識の進歩に必須なのだ。概念に関する抽象的な議論と熟考は、当初考えられるよりも偉大な役割を世界に関する探索において果たしている。科学者は注意深く観察を行い事実を集めながらただぶらついているという考えは、彼らが何をしようとしているのかについての素朴なまでに不完全な見取り図となっている。彼らはそれ以上に自分が観察したものを記述するための新しい方法を見出そうとするし、事実を適切な説明理論に適合させようとするし、自分が取り入れた証拠について熟考し思索しようとする。言いかえると、科学者はわれわれの考えや概念を改築し改造するのだ。ここで、ゼノンや彼に似た思想家の議論が必要となる。そうした議論が提供するものを概念的批判と呼ぶのが一番いいかもしれない。そうした批判は自分を哲学者と呼ぶ人々の職分と決まっているわけでは決してないし、任意の人の職分と決まっているわけではない。ゼノンのパラドックスに表現されたような考えがどこに由来しているのかは問題でないし、それがその時代の常識と考えられているものと衝突するかどうかも関係ない。関係があるのはそれが刺激的だと考えられ、有益な教訓をそれから引き出せることだ。

パルメニデスとゼノンの考えの直接的影響は、エンペドクレス、アナクサゴラス、レウキッポスとデモクリトスといった五世紀の思想家たち（特に最後の二人）の仕事の幾つかを刺激したことである。

これらの人々はソクラテス以前の思想の最終段階——パルメニデス以前の思想家たちによって享受されていた自然主義的探究というエデンへとこっそり入り込もうという試みがなされる、妥協の時期——を構成する。証拠を無視せよ、ではなく、証拠をよりよく理解しようとせよ、という勧告として取られる限り、パルメニデスの女神が勧めるような「理性によって判断せよ」は優れた忠告である。ソクラテス以前の哲学者たちの最後の人々は、そのように女神の言葉を取ったようだ。私が示すとおり、これらの多様な思想家たちの関心も、パルメニデスとゼノンの反抗的継承者としての役割を遥かに越える。

6　愛と憎——エンペドクレス

南シチリアのアクラガス（現在はアグリジェント）のエンペドクレスが発案した物質理論は、あまりに単純で明らかに説得力があるため、ルネッサンス以前のほとんど誰もがそのどれかのヴァージョンを信じていたほどだった。アリストテレスがいくらか修正してそれを支持したという事実が随分と役立った。アリストテレスの権威を後ろ盾にして、十八世紀という遅い時代になっても反動的な著作中にその理論は生き残りさえした。十八世紀までに、ボイルのような化学者の啓発的批判に、それは屈していたはずなのだが。その理論が言うには、あらゆるものは四つの元素《エレメンツ》——土、空気、火、水——の混合したものから作られている。それら元素のどれ一つとして他の元素に対して優越していないし、それらは異なる事物の中で異なる比率で結合されている。エンペドクレスから二つだけ伝わるレシピの一つを引用すると、骨は水の部分二つと土の部分二つと火の部分四つから成る、と言われている。エンペドクレス自身に同様の定式化を与えたくなってしまう。彼は、初期科学者部分二つとピュタゴラス派説教者部分二つと奇跡の働き手《ミラクル・ワーカー》部分一つに、少量のヘラクレイトス的傲慢さを混ぜたものだ、と。

エンペドクレスはファウストと対比されてきた。彼は自らが獲得した知識が自分を神のようにし、死者を蘇らせたり天候(あるいは、われわれが依然として時に言うように、「自然力《エレメンツ》」)をコントロールするといった魔法を用いることを可能とした、と主張したからだ。これは、「邪悪な天使」がマーロウのファウストゥス博士に言うことを思い起こさせる。

前へ進め、ファウストゥス、かの有名な技芸《アート》へ
そこには自然の宝がすべて含まれている
ユピテルが天にあるように、汝は地にあれ
これら元素の主にして司令官よ

伝説はエンペドクレスに、適切にもファウスト的な最後を与えさえした。ちょうどファウストが真夜中に地獄の火に引きずり落とされたように、門弟たちとの夕食後、彼はエトナ火山の焔に身を投じ姿を消したと言われる。ディオゲネス・ラエルティオスのおかげで、この物語はミルトンとマシュー・アーノルドに貼り付いた。実際にはエンペドクレスは、政治的理由のためシチリアから亡命中に、おそらくはペロポネソス半島で死んだ。カラフルで特別だったのは、彼の死ではなく、彼の人生だ。

彼は紀元前四九二年頃に傑出した両親から生まれ、彼自身まったく目立たないどころでなかった。彼は紫色のローブを着て金色の帯をつけ、青銅色の靴を履き、デルポイの花輪を持ち、それらすべてが目論み通りに効果的だった。

おんみらすべての間を行く――私にふさわしいと彼らに思われる尊崇を身に受け、
頭には紐飾りをまとい　瑞々《みずみず》しい花冠をいただいて、
これらの男たちと女たちに従われて　私が繁栄の町々に
到り着くとき、私はうやまい崇《あが》められる、彼らは幾千となき数をなして、
私の後につき従っては、……

この自慢の直前、エンペドクレスは自分が「不死なる神」であり「もはや死すべきものではない」と告げる。彼の教えを評価しない人々は、単純に「愚かな者たち！」である。このように傲岸だとすると、アクラガスにおける彼の政治的活動が、僭主政治に反対する、民主制の勇敢な擁護だったことは、驚きと思われるかもしれない。感謝した市民たちは、平等主義実現のための彼の努力の成功のゆえに、彼に王位を提供しさえした。実際は、彼の性格は彼の政治活動と調和しなかったと思われるとしても、彼の著作はそれと調和していた。すべての人が共に幸福に生きた過去の黄金時代を彼は愛情を込めて書いたし、幸運なエンペドクレスだけでなくすべての人がかつて得ていた神的地位を再び得ることが

できることを、彼の宗教的教えは含意する。したがって彼は霊的平等主義者だ。事実、彼はこれを極端に解釈し、すべての生き物が霊的に同族だと考えた。魂が死後に移住し、人々にと同じく植物や動物に生まれ変わることができるという考えをピュタゴラス派と共有した。彼自身が、「これまでかつて一度は少年であり　少女であった、／藪《やぶ》［植物］であり　鳥であり　海に浮かび出る物言わぬ魚であった。」

こうしたピュタゴラス派的たわごとが、歴史の中に彼の居場所を確保した真面目な化学的元素理論といかにして適合するのか。ピュタゴラスの場合と同じように、エンペドクレスの科学的活動と宗教的見解は関係がある。ピュタゴラス派にとって、霊の問題と自然の知識とのつながり《リンク》は、魂を浄化する、利害関係を離れた形の観照であるテオリア概念が与えた。エンペドクレスではその連結はもっと直接的だ。魂とその救いに関するオルフィック教的もしくはピュタゴラス派的考えのエンペドクレス版は『浄め』として知られる詩（あるいは詩の一部）のうちに述べられているが、それは彼の「科学的」詩である『自然について』（同じ詩の一部だったかもしれない）における考えの、人間領域への適用と考えることができる。人間の劇は、元素の普遍的劇の一幕にすぎず、『浄め』と『自然について』両者のキャストはまったく同じだ。こうして、化学的元素を互いに惹きつけ、それらを結合させる「愛」の力は、人々が心の内で感じ、性的魅力を説明するのと同じ力である。諸元素を引き離す「憎」の力も、人間の霊的没落の原因である。

エンペドクレスの残存断片は、二つの詩から伝わる四百五十ばかりのバラバラの詩行からなっているが、他の著者の文中に引用されて保存されていた。これは、当時の他のどの思想家が残したものより多いし、おそらく、彼が他の人々よりも一般に最も引用しがいがあると見なされていたという事実を反映している。彼は、ギリシア哲学者の中で、韻文で書いた、最後の、おそらく最も巧みな書き手である。アリストテレスは彼を弁論術の発見者と呼んだ。彼はパルメニデスより確実に読みやすいが、しかしこれは多くを語らない。

エンペドクレスはパルメニデスに賛成し、何物も決して創られたり壊されたりしないことに同意するけれども、ずっと受け入れやすい言い方を見つけた。「……およそ死すべきものどもの何ものにも本来の意味での生誕はなく、また呪うべき死の終末もない。あるのはただ混合と　混合されたものの分離のみ。「生誕」とは、ただ人間たちがこれらにつけた名目にすぎぬ。」これは、パルメニデスと常識との妥協ということになる。エンペドクレスは、「習わしに従って」誕生と死について話す用意がある。ただし、誕生や創造は先在する四元素からできた何かの形成にすぎず、死や破壊は本当はこれら四元素の消散《ディスパーサル》にすぎず、それらは次には別の何かを形成し続けることができることを覚えている限りで、だが。四元素そのものは創られないし壊されないから、パルメニデスはある意味で正しかった。彼はまた空虚な空間の不可能性についてもパルメニデスに同意する。しかし、運動の不可能なことやただ一つのものが存在することについてはほとんど何も言わない。全体としてエンペドクレスは、パルメニデスの学説のそうした不都合な部分も、そうした部分を擁護するゼノンの議論もあっさり無視したようだ。

エンペドクレスの「混合と交換」は彼の四つの元素の結合を指している。彼は、自然的事物を形作るために元素を自然が混ぜる仕方と、画家が絵の具を混ぜる仕方とのアナロジーを設ける。

彼らは色とりどりの絵の具を手にとって、
ある色は多く　ある色は少なく　程よき調和をなすように混ぜ合わせてからは、
それらの色から　ありとあらゆるものの似像をつくる──
樹々をつくり出し　男らをまた女らをつくり出し、
獣《けもの》らを　鳥たちを　水にはぐくまれる魚たちをつくり出し、
さらにはいのち永く　誉れいやまさる神たちをもつくり出す。

エンペドクレスの土、空気、火、水──現実世界が混ぜられる絵の具──は、それらの語によってわれわれが意味するものとは違っていた。「空気」はすべての気体を、水はすべての液体を意味したし、金属は溶けるし他の金属と混ざるから、液体と見なされた。彼はまたそれぞれの元素に神の名を（時には二つ）与えたが、これは単に詩的思いつきではない。諸元素は永遠だったので、当時の寛大な緩《ゆる》い神学では神の資格を得た。同じことが二つの基礎的な力「愛」と「憎」にも言え、それらもまた神々の名で呼ばれることがある。「愛」は諸元素を一つに束ね、「憎」は引き離す。この戦争の奮闘の結果が、われわれの知覚する変化の世界である。

エンペドクレスによれば、「愛」が完全に支配しすべての元素が結びついて単一の神的球（おそらくパルメニデスの球のような一者に似ている）になっていた時がかつてあった。しかし「憎」が徐々に力を得、諸元素を分離させることに成功した。ついで「愛」が反撃し、山々、海、星々その他の世界をどうにか組み立てる。われわれの現在の段階の世界では、ルイス・キャロルの、王冠を求め闘うライオンとユニコーンのように、「愛」と「憎」が依然としてわれわれの周りで競合している。「愛」は短期間、元素を幾つか何とか投げ合わせて生き物とし、ついで「憎」がそれを灰へと分解し、そのように続いていく。

ある日「憎」が勝利する（けれども、永遠にではない）し、あらゆるものがもう一度ばらばらの諸元素に分解されるだろう。しかしついで「愛」が大規模な逆襲を開始し、諸元素を巨大な「球」にまとめ上げ、すべてがもう一度始まる。この説明と、今日の宇宙論の「ビッグ・バン」と「ビッグ・クランチ」との間に、大まかな類似を見ることができる。最新の知恵によれば、すべての質料とエネルギーがある時ある一つの場に圧縮されたが、その後すぐ「ビッグ・バン」において爆発し分離した。諸条件が正しければ、これに続いて遠い未来に「ビッグ・クランチ」が生じ、そこでは重力によってあらゆるものが再び単一の点に引き込まれる。この最終的な宇宙論的抱擁は、エンペドクレスの「愛」の勝利に対応する。こうしてエンペドクレスの宇宙についての説明は、スティーブン・ホーキングの物理学とバーバラ・カートランドのロマンチック小説の混合物のようなものになる。

エンペドクレスの説明の幾つかは、以後の説明を不思議にも予期していると同時に、以前の説明と疑わしくも類似しているように聴こえるかもしれない。ミレトス派が四つの「反対対立者」——熱、冷、湿、乾——を用いていたことは既に見たが、それはエンペドクレスの四元素カルテットとよく似ている。また彼の「憎」はヘラクレイトスの「戦い」と、またおそらくアナクシマンドロスの「分離」過程と、少しばかり似ている。そうすると、神を自認するこの者はどれだけオリジナルなのか。根本的考えにおいてエンペドクレスがヘラクレイトスやパルメニデスといった思想家ほど革命的でなかったというのは本当だし、おそらくだからこそ彼の元素理論は彼らのどの理論より容易に慣習的知恵に同化された。彼の創意は、むしろ間もなく見る、特に生物学における説明と思索の詳細にある。それでも、実体《サブスタンス》と力に関する以前の考えを少しでも、時には明らかに無きに等しい程度でも洗練させたことは、とても長い影響をもった。

たとえば、彼の四元素に関して重要なのは、それらが同等者だということだ。それらのどれ一つとして最初のものでなく、したがってどれ一つとしてミレトス派の言う意味での世界の原初的アルケーでない。エンペドクレスにとって根本物質は存在せず、したがって様々な存在物が根本物質からいかにして神秘的な仕方で派生するかを説明しなくてよい。先行者の誰よりも明快に彼が表明したのは、生命と物質の無限な多様性は、他のものに還元されえない、比較的少数の純粋な実体を、諸対象がどういう比率で含むかへの言及によって説明できるという考えである。十七世紀の化学者たちが四つの元素では仕事をこなすに充分でない（現時点で百十五の元素が認められている）し、エンペドクレスの四つの元素はいずれにしろ純粋な実体でなかったと結論したときでさえ、彼らはどの初期ギリシア思想家によりもエンペドクレスに近かった。「愛」と「憎」は、空想的な名にもかかわらず、古典物理学で尊ばれる力概念に、以前のどの思想家が何とか達しようとしたよりも近くまで来ている。エンペドクレス以前、物質的元素や反対対立者は、それらだけで世界をつくる仕事すべてを行わなければならなかった。物質的材料と、それに働く力とには、何ら現実的区別は設けられなかった。しかしエンペドクレスの「愛」と「憎」は、われわれの重力や電磁気力のように、明瞭に独立した力だった。

もしエンペドクレスが単に、「愛」が諸元素をどうにかして束ねると言っただけで終わっていたなら、われわれは彼を、たまたま幾らか現代科学を先取りしていたある種の空想的な人と見なして、もっと情報に富んだ誰かに向かうことができたろう。しかし彼はそこで終わらなかった。世界をつくる際の「愛」と「憎」の活動は、かなりなじみ深い自然過程に具体化されるとエンペドクレスは考えたが、その過程を彼は苦労して矛盾なく整合的に記述した。最善のギリシア思想家たちすべての場合と同じく、その説明は鋭い観察と独創的外挿の混合物だ。外挿は経験に支えられているが、その支えはある種の人工的実験によるテストでなく、メタファーと実践的アナロジーの説得力ある使用にある。

こうしてエンペドクレスは、最初の生き物をつくる際の「愛」の活動を陶器づくりの一ヴァージョンとして表現する。土の冷は水に濡らされ、ついで太陽の火で硬くされ形を得る。彼はまた小麦粉と水でパンを焼くイメージも用いる。エンペドクレスが骨を全部で八つの部分のうち火の部分が四つもあるとしたのは、おそらく、骨がもろくて色あせしており、それゆえ明らかに格別激しい熱で焼かれたからに違いないからだ。(彼がこのレシピを検証するために骨を作ってみようとは決してしなかったのはなぜかと疑問に思う人もいるかもしれない。彼は太陽の火を自分が呼び出そうとするのは不可能だし、冒瀆的だとさえ考えたのだろう。) 一般に、自然物は土と水に対する火の硬化活動によって産み出されると言われる。土の元素への太陽の火の効果に彼が与える重要性は、彼がシチリアの焼けつくような暑さの中に生きていたことを考えると、ほとんど驚きでない。彼がシチリア人だという事実は、そうでなければ当惑させるような、土を熱することによってと同じく水を熱することによっても固体が産み出されうるという考えを説明するのにも役立つ。たとえば岩は水から出てくると言われるが、この考えに根拠がないのは明らかだ。しかし当時のシチリアでは、商業として塩の結晶が海から蒸発によって取り出されていた。だから、それは彼には水から岩を得る一事例だと思われたかもしれない。また、エトナ山の溶岩は明らかに岩を噴出したし、溶岩は液体だから、それはエンペドクレスには水と見なされる。もしエンペドクレスがシチリア人でなくてエスキモーだったなら、おそらく基本的自然過程について異なる結論に達していたことだろう。たとえば、自分のイグルーが水たまりに溶けるのを見たとしたら、太陽が固体を液体に溶かす仕方にもっと重みを置いたかもしれない。

エンペドクレスは生き物の説明についてはずっと前進した。一つには、異なる有機体の一見似ていない特徴は同じ機能をもち類似した働きをもつことができる——生物学の根本原理——に彼は気付いた。こうして彼はオリーブの木のオリーブをその卵だと言い、髪と羽と鱗がみな同じものだと言う。現存する彼の生物学的説明のうち最も詳細なのは、動物と人間の呼吸の説明だ。彼の理論によれば、呼吸の規則性の原因は、鼻腔の裏側の、血を運ぶ管のうちの小さな穴を通り過ぎる血の運動である。この運動は空気を吸い込む。小さな穴は空気を取り込むほどに大きいが、しかし血を逃がすほどに大きくない(それゆえ空気は血より粒が細いと想定されている)。彼は巧みに、関連する機械的原理を、単純で当時普通の吸水器(水取り器)のアナロジーを用いて例証する。その理論は大きく的を外しているが、しかし自分が灌木の生まれ変わりだと信じることもできた人物にとっては悪くないものだ。

生物学の中心問題についてエンペドクレスは、驚くほど正確に的を射た。生物が有益で幸運な特徴をもつのは、当初、多種の生物が存在し、奇妙な奇形生物は生き残るのに適さないので生き残れず、うまく適合した生物だけが残ってその種を再生産し大地を満たしたからだ、と彼は言った。彼の説明には空想的な要素があり、神話の伝承に似つかわしいような動物寓話集を含んでいる(「そこには頸《くび》のないたくさんの頭が生え出た。腕たちは肩なしに　それだけ裸でさまよい、目は額なしに　ひとりでうろついていた」)。しかしこのように彼は、ダーウィンとウォレスが自然選択原理の真の証拠を挙げたことのゆえに有名になったよりも二千三百年ほど前に、それを把握していたようなのだ。アリストテレスはその理論を次のように表現している。「愛」と「憎」の乱闘のなかに偶然投げ込まれて、「動物の諸部分のほとんどは偶然によって生じた」。その部分が有用ならば、幸運にもそれをもった生き物は「内発的に適切な仕方で組織され、生き残る。他方、そうでなく育った生き物は滅びたし、滅び続けている」。ダーウィンはこの引用について「ここには自然選択原理がぼんやり示されている」と言った。

アリストテレスがエンペドクレスのこの予見的説明を記述したのは、それを論駁するためだ。目的概念を取り残し代わりに偶然を置く自然の説明は、彼には受け入れることができなかった。アリストテレスにとって――また彼以前のプラトンにとってはいっそう――自然は目的のある計画《デザイン》に満ちており、純粋に機械的に説明することができなかった。プラトンとアリストテレスはその闘争に勝利した。生物学的適応についてのエンペドクレスの説明はダーウィンがやって来るまで実質的に根絶された。アリストテレスは、エンペドクレスの四元素理論は喜んで受け入れたけれども、エンペドクレスが書いた他のほとんどすべてに多くの批判を行ったし、ある箇所では厳しくも、エンペドクレスは「中味のあることは何も言うことができない」と仄めかしさえした。

機械的説明の道具のうちエンペドクレスが最もよく用いたものの一つは、小孔と流出の理論だった。すべて物質は多孔性であり、様々なサイズの小さな通路や穴をもち、また非常に小さな粒子を発していると彼は考えた。諸対象はこれら流出体を小孔を通じて絶え間なく交換するが、その交換は選択的だ。幾つかの小孔は特定の粒子を認め、別の小孔は別の粒子を通す。この仕組みが、諸元素がいかに結合し、なぜある実体は混合するが他はしないか、たとえばなぜ水はワインと混ざるが油と混ざらないか、を説明すると考えられた。エンペドクレスはこれを、電磁気と腐敗を含む、あらゆる種類の現象を説明するのに用いた(吸収する以上に多くを発するとき事物は消耗していく)。彼が最も見事にそれを用いたのは、知覚を説明する試みにおいてだ。感覚器官はそれぞれ独自の種類の小孔をもち、対応する種類の粒子を通す。こうしてたとえば「色とは、その大きさが視覚に適合して感覚されるところの、形から発出される流出物である」と後にプラトンが表現するとおりであり、嗅覚、味覚、聴覚も同じやり方で説明される。

エンペドクレスの知覚の見取り図《ピクチャー》の中には二つの異なる考えが存在し、一つは思考本性についてのよくある理論と混じり合っている。知覚はわれわれの感覚器官と外的対象との物理的接触により、それらの間を通る発出物を通じて生じるという生硬な機械的主張がある。そして、ずっと曖昧で一般的な原理が働いている。すなわち「似たものは似たものによって知られる」という原理だ。これは古代ギリシア人にとって、似たものは似たものを惹きつけるという漠然とした考えに関係し、一つのことわざ風の知恵だった。たとえば、われわれの眼がつくられる材料自体が明るいものを含むから、われわれは何とか明るいものをみると考えられた。これはどうにかして関連があるとされたのだが、現代人の精神にはいかにしてなのかはっきりしない。

もし小孔と発出物の説明が眼、耳、鼻の生理学的仕組みを記述する試みであるなら、似たものは似たものにより知られるという考えは、意識の本性一般に関してとちりながらも何か言おうとする試みだと理解することができる。エンペドクレスにとって、知覚と思考は人間とその他の自然との類似性のとっておきの事例である。われわれもまた諸元素からつくられているから、われわれはそれらを知ることができる。「愛」と「憎」の力も人間の内に見出されうるし、このことのゆえに、これら力が世界の中で働いているのを知覚し理解できるのだ。悲しいことに、「憎」は人間の生においてあまりにも強力となった、あるいはエンペドクレスはそう考えたし、人間の悩み多き生の多くはこの事実を反映している。この考え方が、彼の宗教的詩『浄め《カタルモイ》』におけるオルフィック教的でピュタゴラス派的な考えへの道を開く。

エンペドクレスの聴衆は、『浄め』が文字通りにも比喩的にも、神々に背いたり何かの神聖な規則を破った人々にとって必要な清浄化の儀式を指すと分かったであろう。彼の著作のこの部分は道徳的形式の「愛」と「憎」に関するものであり、いかにして「憎」の力が罪へ誘惑することによって人の神的本性から人を引き離し、結果として天国的な至福から追い出されたかを記述する。

それらの者は至福の者たちのもとを追われて　一万周期の三倍をさまよわねばならぬ、
その間を通じ　死すべきものどものありとあらゆる姿に生まれかわり、
苦しみ多き生の道を　次々ととりかえながら――。
すなわち空気(アイテール)の力は彼らを大海へと追いやり、
大海は彼らを大地の面《おもて》へと吐き出し、大地は輝く太陽の
光の中へ　そして太陽は空気の渦巻きの中へ彼らを投げ込む。
それぞれのものが彼らを他から受け取り、しかしすべてが彼らを忌みきらう。
われもまたいまは　かかる者らのひとり、神のみもとより追われてさまよえる者、
ああ　狂わしき「争い」を信じたばかりに――。

へシオドスにおいて、無作法に振る舞ったオリュンポスの神は定められた期間追放されえた。「九年の間　この方は　常磐《とこわ》にいます神々から　遠ざけられて　神々の会議にも　宴《うたげ》にも　まる九年の間連なることなく　ようよう十年目に　ふたたび　オリュンポスに宮居する不死の神々の集《つど》いに加わるのだ。」エンペドクレスは正統な神話からのこの考えを、オルフィック教その他の神秘的カルト教団の諸要素に結びつけた。それゆえ、過ちの罰は単に流刑でなく、輪廻のサイクルである。そしてそのように罰せられるのは過失を犯したオリュンポスの神だけでなく、皆すべてである。誰もが神的火花を持つか持っていたし、こうしてあらゆる人が「神のみもとより追われてさまよえる者」である。低く生まれかわるというこの品位を落とす運命をもたらした罪は動物を犠牲にし食物にすることのようだ（「ああ　仮借なき死の日が　なぜその前にこの私を滅ぼしてくれなかったのか、／――唇に肉食らうむごたらしい業をたくらむよりも前に！」）。ピュタゴラス派的信念におけるように。この恐ろしい間違いを償う方法は菜食主義者になることだ。

彼の話の基本的教訓は、「憎」のでなく「愛」のやり方で生きるべきだということだ。彼はダイモネス（ざっと「神霊」と訳せる）が、罰のため「肉という見知らぬ着物」を着る以前、幸福に暮らしていた黄金時代について語る。「彼らには神としてアレス（軍神）も……なく、ただ女王キュプリス（愛の女神）のみが彼らの神であった……。すべてのものはおとなしく、人間に対しておだやかであった。／獣らも、鳥たちも――。そしてお互いの間に友愛の火がともっていた。」食べ物や犠牲のため動物を殺すことが間違っている第一の理由は、それゆえ恐らく、人がすべてのものと同様に動物と平和に暮らすべきだからである。

この天国から人間が没落し、生まれかわりのサイクルの中で諸元素の間に放り出されたことは、「憎」が宇宙的球を破壊し諸元素を分離した時の、「愛」の以前の帝国の解体を反映している。ちょうど諸元素が「愛」の力によって最終的に再結合するように、現在は様々な種類の肉を身にまとっているダイモネスも神的状態を回復するだろう。彼らは一連の輪廻の姿を通じて上方へと登っている。

最後に彼らは地上の人間たちの中にやって来て、
予言者となり　讃歌のつくり手となり　医者となり　君主となり、
さらにそこから身を高めて　誉れいやまされる神々となる。
彼らは他の不死なる者たちと共に住み　竈《かまど》を分け合い　食卓を共にし、
人間たちの苦しみに与《あず》かることなく　不滅の身となる。

予言者、吟遊詩人、医者はまさにエンペドクレスがそうであった者たちだし、彼はまた王侯のように扱われることを喜んだし、どうやら王侯だったようだ。ちょうど数学がピュタゴラス派のお気に入りだったように、医術、もしくは少なくとも生理学は彼の科学的関心事だったようだ。ピュタゴラス派は数学を、救済を最ももたらしそうな研究として讃えたが、エンペドクレスは医学を同様の地位に高めたようだ。少なくとも医学は幾何学より、普通の人々から賞賛をもたらしそうだった。

彼は古代医術の三つの主な学派の一つの創始者だと考えられている。それは「経験的」学派として知られるが、注意深い観察を通じて知識を得るエンペドクレスのものとされている方法を特徴とする。彼は確かに、感覚はまったく間違った考えの源泉にすぎないというパルメニデスの見解から遠く離れていた。エンペドクレスは聴衆を説得した。

さらばいざ力の限りをつくして　物それぞれがいかにして明らかになるかを思いみよ。
見ることを聞くことよりも　とくに信ずることなく、
または鳴り騒ぐ耳の聞こえを　舌の明示することの上におくことなく、
さらにはいやしくも思惟への道が開かれてあるところ　他の四肢五体のいずれにも
いささかも信を拒むことなく、ただ物それぞれが明らかになる道に従って考えよ。

パルメニデスを彼は賞賛するけれども、以前の思想家たちのように真理への唯一の導きとして純粋理性に頼ることをエンペドクレスは放棄したし、知覚の器官に「信頼を置くことを差し控える」ことを拒む。われわれの次の主題であるクラゾメナイのアナクサゴラスは、日常世界を否定するのでなく理解したいというエンペドクレスの欲求を共有した。しかしアナクサゴラスには予言者や吟遊詩人のようなところは微塵もない。ミレトス学派同様、彼は純粋単純な自然探求者だ。灌木、野獣、魚や鳥の形への生まれかわりという神秘的カルト教団のいかなる考えも飛び去ってしまった

7　精神と物質——アナクサゴラス

アナクサゴラス（紀元前五〇〇頃〜四二八頃）はスミュルナに近いクラゾメナイに生まれたが、幸運にもそこに留まらなかった。彼はイオニア自然主義を西方のアテナイにもたらした人だった。紀元前四六〇年あたりに彼がアテナイにやって来た時、ソクラテスは少年であり、プラトンはまだ生まれておらず、アテナイは哲学者や科学者を明らかに見たことがなかった。アテナイ人は三〇年ほど彼を黙認し、微かに嘲笑気味に「精神《ヌース》（知性）」とあだ名し、彼の皮肉な機知に富む超俗的な話を楽しんだ。だが彼らの寛大さもそこまででしかなく、結局彼は不敬虔だという有罪判決を下された。彼は東へ、ランプサコスへ逃れたが、アテナイ人に極めて強い影響を残した。

公的には彼の罪は、諸天体が崇拝されるべき神々でなく、忌避されるべき高温で真っ赤な岩々だと考えたことだった。幾人かの古代の著作家によると、彼が訴えられた理由はアテナイの偉大な指導者ペリクレスとの友情だった。ペリクレスの敵は世慣れぬアナクサゴラスを比較的簡単な標的と考えたわけだ。これはまったくありそうな話だ。ペリクレスの他の友人たちも同様に告発されたし、政治的動機からの異端裁判は五世紀終わりにかけてのアテナイにおいてよくあることだった。それでも、異端と超自然的なものへの不信仰がアテナイ人もしくは少なくともその一部の人々に本当の不快さを引き起こさなかったなら、そうした裁判も政治的目的に役立たなかったであろう。

三〇年ほどのち、不敬虔を理由にしたソクラテス自身の裁判についてのプラトンの説明においてアナクサゴラスは言及される。ソクラテスは告発者の一人メレトスに、彼に対する申し立てでは、「日輪や月輪が神だということを、他の人たちのようには、認めていない」ことなのか、と尋ねた。メレトスは同意した。「ゼウスに誓って、そうなのだ、裁判委員の諸君、日輪は石、月輪は土だと主張しているのです。」この返答を受けてソクラテスはメレトスを少々からかう。「それはアナクサゴラスなのだよ、愛するメレトス、君が訴えているつもりの人は。そしてそれだけ君は、ここにいる諸君を馬鹿にしているわけなのだ。つまり君は、この諸君が文字を解しない人たちで、クラゾメナイのアナクサゴラスの書物には、いま君の言ったような議論がいっぱいのっているということを、知らないと思っているのだ。」

アナクサゴラスが天文学に、イオニア派的な強い興味を抱いていたことは確実だ。彼は、紀元前四六七年トラキアのアイギスポタモイに落下した隕石を予言したと言われた。これは、一世紀以上前にタレスの功績とされた、蝕の予言よりさらにずっと信じがたい。しかし、その話にはポイントがある。空から落ちた岩は、星々が何からできているかについてのアナクサゴラスの見解におそらく確証を与えた。天体の本性に関するそうした推測は自由に考える気風のイオニアではまったく問題なかったけれども、保守的なアテナイにおいては明らかにそうでなかった。

アナクサゴラスは星々に関してだけでなく、迷信一般に反対した。プルタルコスの『ペリクレスの生涯』にある物語によると、ある時ペリクレスに、頭の真ん中から突き出た角を一つだけはやした牡羊の頭がもたらされた。ランポンと呼ばれる予言者は、ペリクレスの土地にこの異常な個体が見出されたことが意味するのはペリクレスがアテナイにおいて指導的人物となることだ(彼はそうなったが)と明言した。しかしアナクサゴラスは、と話は続いているが、あっさり頭を解剖し、一角獣のような角がそのように生えることになったのは、雄羊の脳が奇形だったからであることを示した。プルタルコスは、アナクサゴラスが関係している限り、ひとたび生理学的事実が発見されたなら、その問題にさらなる意味を探す必要はない、としている。

このように懐疑的で探求的な助言者が身近にいたことは、ペリクレスにとってよかった。プルタルコスによると、彼はアナクサゴラスとの交際によって「いわゆる高度な哲学と高尚な思索に満たされた」し、「神の介入に熱狂していた迷信の上に上げられた」。プルタルコスは、ペリクレスの威厳と上機嫌の多くがアナクサゴラスの哲学活動に彼が親しんだことによる、とした。またソクラテスは、議論とレトリックにおけるペリクレスの偉大なスキルはアナクサゴラスとの交流による、と言った。しかしペリクレスへの喜ばしい影響についてなんと考えようとも、ソクラテスはアナクサゴラスの世界観全体を受け入れはしなかった。それは余りに狭い科学的世界観だと彼は考えた。ソクラテスの見解では、それは事物の機械的原因に注意を払いすぎており、事物の意味と目的への注意は不十分だった。

アナクサゴラスの見方のソクラテスによるこの拒否は、哲学史における転換点として歓迎されてきた。哲学が思索的自然研究から真剣な人間研究へと変貌した最重要点をその拒否が示すと言われることがある。三世紀ほどのちにキケロはこう述べた。

古代からソクラテスの時代まで……哲学は、数と運動を、すなわち万物はどこから来たのか、どこへ帰るのかという問題を扱ったし、星々の大きさ、星々を分かつ空間、星々の進路、あらゆる天体現象を熱心に探求した。他方ソクラテスは、天から哲学を呼び戻し人々の都市に置き、……生と道徳と善悪についての問いを哲学に尋ねさせた最初の人だった。

事の成り行きのこのヴァージョンには少量の真理があるが、多くではない。ソクラテスがやってくるまで哲学が科学的問いにだけ関わっていたというのは、正しくない。ピュタゴラスとヘラクレイトスを含む幾人かの哲学者は、ソクラテスよりずっと以前に、「生と道徳と善悪に関する問い」を論じた。六世紀の彼らの陰鬱な発言は、ソクラテスが述べることになることより確かに洗練されていなかった。しかし、ソクラテスの影響とは独立して、アテナイにおいてソクラテス自身の時代あたりに、倫理学について別の鋭敏で論証的な取り扱いがあった（一六四―一六六頁を見よ）。また、ソクラテスその人が哲学を天から呼びおろして後もずっと、アテナイでも他のギリシアにおいても、哲学は天文学その他科学的問いを扱い続けた。

ソクラテス自身が哲学の科学的側面に興味を抱かなかった理由の一部は、それが余りに論争の余地があったことにある。彼には、多くの相争う学派のどれを信じるべきかが分からなかった。しかし主な理由は、彼が人とその行動にずっと関心があり、それについて当時の科学はほとんど何も言わなかったことにある。プラトンとアリストテレスからすれば、アナクサゴラスのような哲学者には他に間違ったところがあった。彼のような科学的哲学は自然における理性と目的の役割を評価することが少なすぎた。ソクラテスがこの態度をどの程度まで共有したかははっきりしないが、プラトンはソクラテスが同意見だったとしている。プラトンのソクラテスは、精神の知性的作用を引き合いに出す自然の説明を聞きたかった。彼が好んだであろう説明は、自然の振舞いを何とかして人間のそれと似たものとし、それが達成しようとしている目的によってその作用を説明するような説明である。

プラトンによれば、こうしたわけでソクラテスは当初、アナクサゴラスから聞いたことに興味を抱いた。アナクサゴラスは漠然と、ある種の普遍的な「精神〔知性〕」――「理性」とも翻訳できる「ヌゥス」――が世界に浸透し、どうにかしてあらゆる自然過程を統制する、と言った。しかしソクラテスのこの考えへの関心は、アナクサゴラスが実際はそれを決して利用しなかったので、失望へと変わった。

私は……若い頃には、あの「自然についての探究」とよばれる知識を求めることに、もう熱中していたのであった。なんと、それは並外れてすごい知識であることか、とわたしには思われたのだ。それぞれのものが、いったい何を原因として生じ、また何を原因として消滅し……ているのかという、そのおのおののまさに原因・根拠となるものを知るということは！……

——いったい、〈生物が形づくられる〉というのは、或る人々のいうように、熱と冷とが、或る種の腐敗にあずかるその時においてであろうか？

——また、〈われわれが思考すること〉をなさしめているのは、はたして、血液がなのであろうか。それとも気とか火というのが、それをなさしめているのだろうか。……その結果において、わたし自身は、この種の研究にはまったくおはなしにならないほどの生来不向きな人間であると、みずから思いいたった始末であった——。……わたしはこのことなら明らかに知っているとそれまでは自分も思い、ひとにもみなそう思われている事柄についてすら、そのとき以上の考察によってすっかり暗くされ、わたしはみる力を失ってしまったのである。……

ところが、ある人があるとき、アナクサゴラスの——ということだったが、——その書物のなかから、読んできかせてくれているうちに、

——すべてをひとつに秩序づけ、すべての原因となるものは、ヌゥス（知性）である——

というのを、語るのをきいて、この原因ならば、とわたしはよろこびを感じたのであった。そしてヌゥス（知性）をすべての原因であるとすることは、或る仕方で把握されるならば、まことによき考えであると、わたしには思われた。……

もしそうだとすれば、ヌゥス（知性）が秩序づけている以上は、いかにあるのが最善なのかというまさにその仕方で、すべて（万有）に秩序をあたえ、またそれぞれをしかるべくそこに置いているはずである。であれば、もしひとが、いったいいかにしておのおののものが生成し、消滅し、また存在するのか、というその原因・根拠を見出したいとのぞむならば、これについてひとが見出さねばならないことは、ただひとつ、それは

――いったい、いかなるありようにおいてあるのが、そのものにとってもっとも〈よい〉のか――

ということなのである。……

さて、以上のように推しはかりながら、わたしは、およそ存在するものの原因を、わたしの意《こころ》にかなった仕方で教えてくれるひとを、ついに見つけだした、それはアナクサゴラスにほかならない、とおもいよろこんだのであった。そこでまず彼はわたしに、〝大地は平面であるのかそれとも球状であるのか〟を、告げしらせてくれるだろう。そしてそれを告げるときには、その原因と必然性をきっとくわしく述べてくれるだろう。それはまさに、よりよいということ（善）を、問題とし、大地はそのようにあるのがよりよいあり方だったのだ、と語ることによってである。……これらのものが、ヌゥス（知性）によって、すっかり秩序づけられていると主張する以上は、〈現にあるような仕方で、あることが、それらにとっての最高の善なのだ〉という原因をさしおいて、なにか別の原因をこれらの事柄に、彼が与えようとは、思ってもみなかった……。［ソクラテスはそれからアナクサゴラスの書物を購入したと言っている。］

……この書物を読みすすんでいくにつれ、ヌゥス（知性）をなんら役立てず、もろもろのものごとをひ

とつに秩序づけるいかなる原因も、それに帰することなく、かえって、気（空気）とかアイテールとか水とかその他にも多くのまさに場外れなもの！　を持出して、それらを原因だとする、そのような男を見つけた……。

言いかえると、それは以前と同じ代物だったのだ。後に私は、精神や理性に、また事物がそうあることがいかにして最善なのかに言及することによって事物は説明されるべきだというこの考えに立ち戻る。プラトンと（より少ない程度に）アリストテレスはそうした取り組み方を提唱し闘ったし、二千年間彼らの影響は、アナクサゴラスと彼以前のピュシキが発展させてきた物質主義的で機械論的タイプの科学的思考を覆い隠した。物質主義的科学は後に、ガリレオとニュートンの時代に再生し開花した。しかしプラトンとアリストテレスという人物たちの背後に一時的に沈む前に、物質主義的科学はいわゆる「原子論者」レウキッポスとデモクリトスと共に古代世界における頂点に達した。彼らは幾つかの点で時代を先取りして十七世紀の思想家だと考えることができる。

彼以後の原子論者や彼以前のエンペドクレスと同じく、アナクサゴラスの自然の説明はパルメニデスの脅威に晒されながら育った。彼は、パルメニデスが攻撃した変化する物質世界を再構築する方法を見つける必要があった。アナクサゴラスは精神についてはプラトンを喜ばせるほど語らなかったけれども、物質についてはかなり多く語った。そして彼が哲学史で記憶されるのは、迷信への彼の攻撃よりはむしろ、主にこの主題について彼が語ったことのためである。

アナクサゴラスはエンペドクレスと同じ論点から出発したが、しかし完全に異なる場所に達した。エンペドクレスが永遠不滅の四元素を四倍したのに対し、アナクサゴラスはより野心的な形而上学的乗法を行った。彼は実体をすべて永遠で、創造されず、不滅だとした。何故そうしたかを理解するために、彼を捉えた奇妙な問いを考察しよう。「どうして……毛髪ならざるものから毛髪が生じえようか……。」

この問いにおいてアナクサゴラスが暗に言及しているのは、われわれが食べる食物は（全体として）髪をぜんぜん含まないのに、髪を確かに含む、われわれの育ちゆく体にすっかり変化するという事実である。それゆえ、髪は髪でないものから生成するのだ。これが謎だと彼が考えるのはなぜか。なぜならよきパルメニデス主義者として彼は、無からであれ他の何からであれ、どんな事物も生成することはできないと考え、そうして髪の成長のような、見たところ生成の場合すべてが実はそうでないと説明しようとしたからだ。エンペドクレスの四元素理論は、そうした変化が元素の組み換えにすぎないと言って説明を試みた。たとえば、水と土と火を正しく混ぜれば、骨が得られる。ここから、骨が成長しても、それは世界に既にある構成要素の多くの可能な再配置の一つでしかないから、何ら新たなものも生成しないということになる。しかしアナクサゴラスはこの考えに好印象を抱かなかった。だから彼は自身のもっとラディカルな理論を提示した。

鍵となるのは、あらゆる実体は他の多くの実体の小さな部分をもつという考えだ。この考えが、いかにして一つのものが別のものに見かけは変わりうるかという問題を解決する。「新しい」実体は古い実体の中にずっとあったから結局何も新しいものは創造されていないわけだからだ。こうして食物がわれわれに栄養を与え髪や骨その他となるのは、食物の中に最初から髪が含まれていたからなのだ。アナクサゴラスは全くのところいかなるものも（多分、多くの中間的段階を経て）本当に他の何にでも成りうると考えたようなので、すべての実体は単に多くのでなくまさにすべての実体の部分を含むと主張した。それゆえわれわれがパンと呼ぶものも肉、水、土、小麦粉、金その他すべてを含むのだが、しかし分量がごくわずかなためわれわれはその内に優勢なパンだけを知覚するのだ。アリストテレスはこの考えを以下のように記述した（アリストテレスはその考えに同意しなかったが）。

それらが互いに異なるもののように現われ異なる名前をもって呼ばれるのは、無限に多くのものの混合のうちで多さにおいて最も優勢に含まれているものの名前によってである。けだし、……なにものも純粋に全く白くあり、あるいは黒くあり、あるいは甘くあり、あるいは肉であり、あるいは骨であるのではなくて、その各々の事物に最も多く含有されているところのもの、このものがその事物の自然〔実体〕であると思われるだけのことなのである。

これは、控えめに言って、想像力に富む解決だ。ローマの哲学者ルクレティウス（紀元前九八頃〜紀元前五五頃）は詩『事物の本性について』において、それをたやすく揶揄《からか》った。ルクレティウスは、アナクサゴラスの理論に従えば「穀物もまた、石の恐ろしい力で砕かれる時、血のしるしや、その他私たちの体の中で養われる何かあるものを、しばしば示すことがあってもよい筈だろう」と主張した。ルクレティウスはこの帰結が馬鹿げていると考えた。しかしアナクサゴラスには彼への答えがあっただろう。穀物は確かに血を含むし、それが血を流すように見えないのは、微細な血の粒子が見えるのに十分なほど小さく石臼が粉砕できないからにすぎない、と彼は言ったであろう。ただ穀物を見るだけでは、それが本当は何なのかの基底に達するに十分でないのである。

こうしてアナクサゴラスは、感覚は世界への包括的で精確な導きを提供しないと考えた。たとえばパンや水の内に見出されると申し立てられるあらゆる事物の不可視の部分に言及してアナクサゴラスは、そうした実体には「理《ことわり》によって見てとられうる部分」があると言う。彼が意味するのは、パンが他の事物の小さな部分を含まなければならないと教えるのは理性に基づく議論であって感覚ではない、ということだ。問題の議論は、さもなくば、いかにしてパンがわれわれの体の中で諸実体に変わりわれわれを養うのかを説明できないだろう、というものだ。こうした考え方を取ることでアナクサゴラスは、「理性により判断」し、われわれが単に知覚するにすぎないものによって誤導されてはならないという、パルメニデスの女神の戒めにしたがっていた。しかし彼はパルメニデスほど極端でない。アナクサゴラスにとって、理性によって判断することは証拠を完全に無視することではなく、証拠をよりよく理解することである。「明らかならざるものの視覚、それが現れである」と、彼が謎めいた仕方で表現するとおりだ。すなわち、感覚は世界のぼやけた輪郭をわれわれに提供し、それを次に理性がはっきりさせるわけである。

アナクサゴラスは、物質《マター》が無限に分割可能でなければならないと論じた。たとえば金（アナクサゴラスにとって金は、金が優勢である物質片を意味する）の一片をどんなに小さく粉砕しようとも、小片それぞれは依然として金の部分を含み、それが無限に続く。さもなければ、一片の金が、何一つ金が残らないほど小さくすり砕かれて破壊されることができるだろうし、そのような絶対的破壊のアイデアはアナクサゴラスのような新パルメニデス主義者にとってはありえないものだったろう。彼は言う、「小さなものについて、これが最小であるというものはなく、どこまでもより小さいものがありつづける（あるものがあらぬということは、ありえないからである）……。」

こうして世界は、アナクサゴラスに従うと、互いの内側に包まれた物質の、無限に入れ子になったチャイニーズ・ボックスで込み合っている。彼はいかにしてこのようなところに到達したのか。エンペドクレスは「愛」と「憎」という力を呼び出すことによって物質が宇宙全体に配置される仕方を説明した。「愛」と「憎」は四つの原初的元素を、われわれの見る様々な変化する形を取るべく、交互に結び付け分離した。アナクサゴラスが呼び出すべく選んだのは、それより洒落てはいないが想像力に富む精神（知性）である。最初、すべての実体が一緒に包まれた、運動しない、差異をもたないかたまりがあった、と彼は言った。精神が何らかの仕方で事物の運動を開始した。

最初は小さなある一点から回転が始まったが、しだいに広範囲にわたって回転しており、今後なお広範囲に回転は広がっていくであろう。……そして、いまはもはやないものについては、それがどのようになるはずであったか、事実どのようであったかを、またいま現にあるものを、またそれがどのようになるであろうかを、知性は秩序づけたし、さらには、いま現に星々や太陽や月、空気や上層気（アイテール）などの分離しているものどもが行なっている、この回転運動をも秩序づけたのである。直接に分離を行なわしめるのは、この回転運動である。そして、粗なものから濃密なものが分離し、冷たいものから熱いものが、暗いものから明るいものが、湿潤なものから乾いたものが分離する。

以上のうちには、おなじみのものもあるかもしれない。アナクサゴラスは反対性質の最初の分離に関するミレトス派の考えを借り、二つの点でアップデートした。第一に、何も他の何かから生成できないというパルメニデスの原理に順応するため、あらゆるタイプの物質が元々の混合のうちに存在したという新しい考えがある。第二に、外的な力が、知性〔精神〕の形をとって、運動を説明するために導入されている。運動が不可能なことに同意するほどまでパルメニデスにアナクサゴラスはついて行かなかったことは、はっきりしている。だが彼は確かに、運動不可能性に十分悩まされたらしく、ミレトス派と違って、運動を当然のことと考えることができなかった。

運動についての彼の説明がたいしたものではないことは認めざるをえない。神秘的な「知性」を身振りで示し、すべてを開始させたと訴えたにすぎない。その役割に知性をなぜ選んだかについての、彼の推論はおそらく以下のようなものだった。彼は別の箇所で言っている、知性は原初の物質の元々の回転を開始させるとともに、すべての生きものをコントロールし続ける、と。また、物質のどの一片も他のタイプの物質すべてを含むということに加え、「若干のもの〔生物体〕には知性も含まれている。」さてギリシア人にとって生きものとそうでないものの主な違いは、前者だけが自ら動くことができることだ。アナクサゴラスはおそらく前者がそうすることができるのは知性があるからだ、と推論したようだ（植物は、成長を可能とする未発達の知性をもつのだろう）。知性が生きものを活気づけ続けているように、初期宇宙を活気づけ動かしたという結論までは、そこから、すぐ一歩で行けるだろう。

アナクサゴラスは知性が「すべてのものについてのすべての知識」と「最大の力」を有し「無限にして自律支配的であり、……単独にそれ自体として独立自存している」と語ったから、ここでついに生硬な物質主義を何とか投げ捨てた古代ギリシア人が登場したと結論し、世界についての「二元論的」見解を彼に帰したくなる。その見解では実在は一方で非物質的で知的な知性と、他方で理性のない硬い物質という異なる領域に分割される。しかしこれは早まった結論だろう。実際はアナクサゴラスは知性を物質と完全に異なる何かでなく、物質の特殊な形式だと考えた。彼は知性を、薄くて純粋な実体として、またまったく非物質的というより空間をどうにかして占めるものとして、はっきり物質的な言葉で記述している。それゆえ、確かにアナクサゴラスは生硬な物質主義の限界に強い圧力をかけていたけれども、それを逃れはしなかった。

ソクラテスが後に落胆して述べるとおり、宇宙の誕生時に短く現れたのち、知性はすぐに舞台から消える。生命のない物質に関する限り、原初の回転が始まったら何もすることはないようだ。非人称的な自然的原因が間もなく引き継ぎ、宇宙の回転が始まってから宇宙がどのように発展するかに関するアナクサゴラスの説明ではそうした原因だけが言及される。星々は回転する大地から放り出された石であり、運動する速度ゆえの熱で白熱化していると言われる。アナクサゴラスはできる限り多くの自然現象を類似した機械的な仕方で説明を続け、遠心力と求心力と、似たものは似たものにひかれるという古《いにしえ》のギリシア的原理を持ちだす。こうして、知性の役目は宇宙というピンボールマシンで球を発射することだけだ。一旦発射されると、物質は騒々しい波乱に富む自身の道を疾走した。

アナクサゴラスが知性を素早く背景に押しやったのは彼には幸運なことだ。なぜなら、そうしたおかげで彼は、神々の予知不能な気まぐれについての物語を語る古いテオロギの地位に左遷されずにすんだからだ。ほとんどの過程の説明を自然的非人称的力に任せたことにより、ピュシキの後期メンバー、初期科学者の一人としての資格認定書を彼は獲得した。

彼が思索したことには、宇宙論と天文学とともに、天候、少しの生物学、知覚が含まれる。彼は月がその光を太陽から得ていることに気づいたようだし、月蝕の原因が地球の影であることを理解したようだ。このすべてのうちにミレトス派の遺産が働いていると理解できる。しかしタレスと違ってアナクサゴラスは実際的な人ではなかった。彼は金持ちに生まれたが、哲学に集中するために財産を捨て、政治や金に何ら興味を示さなかった。ある物語によれば俗事への彼のストイックな無関心は自身の子どもたちにまで拡張されていた。息子たちが死んだという知らせがもたらされた時、彼は次のように言ったと言われる。「彼らが死すべきものとして生まれたことをわたしは知っていたのだ」。またある人が――おそらくアテナイ人が、アナクサゴラスがクラゾメナイに留まっていたらと望んで――

伝聞では「君は祖国のことが少しも気にならないのか」という言葉で彼を非難したとき、彼は「わたしには祖国のことが大いに気がかりなのだ」と返答し、天を指さしたと言われている。

8　最後に笑う人――デモクリトス

パルメニデスに続いて現れた初期ギリシア思想の最後の最も注目すべき理論は、原子論《アトミズム》である。それはレウキッポスにより発明されたようだが、彼についてはほぼ何も知られていない。デモクリトス（紀元前四六〇頃～三七〇頃）がそれを発展させ、彼はほぼすべてのことを知っていた、あるいは少なくとも彼はそう考えたようだ。歴史家ディオゲネス・ラエルティオスは、シャーロック・ホームズとデルポイの神託の混合物のように聞こえる話を彼にさせている。あるミルクを味わうと彼は、それは初子を産んだ黒色の雌山羊のものに違いないと推論したと言われるが、この話の本当らしさは、百歳以上の年齢で彼は焼きたてのパンの香りを吸入することにより自らの死を思いのままに延ばしたという話と同じくらいだ。最終的な死の後、デモクリトスは「笑う哲学者」として記憶された。人類の愚かさを彼が嘲笑ったかららしい。残存する断片から、彼がそんなつまらない奴だったとは推測できないであろう。そこにある真剣さは、彼が何かを笑うという想像を難しくする。「すべての人びとに疑心をいだくというのではなく、慎重でありまた確固としてあれ。」「醜い行ないを後悔することは人生を救うもの。」「その性格が秩序あるものであるところの人たちにとっては、またその人生も秩序づけられたものとなる。」

後知恵では、彼のあだ名のずっと似つかわしい理由は、彼が最後に笑うと分かった、というものになる。われわれをデモクリトスから隔てる二四〇〇年のほとんどの間、プラトンとアリストテレスとキリスト教会の不賛成という重圧下で彼の学説は水面下に隠れていた。しかし十七世紀の科学革命で彼の運勢は盛り返し、その後ずっとそのままなのに対して、プラトンとアリストテレスの物理理論は見捨てられている。現代の世界観は他のギリシア人の誰よりもデモクリトスとその後継者たちの考えと多くを共有している。これから見るように、ガリレオ（一五六四〜一六四二）のものとされた見たところ革命的な幾つかの考えは実際は大方のところデモクリトスの言葉の言い直しだった。さらに印象的なことに、その評価を高めるための影響の連鎖は古代原子論者《アトム》から十九世紀における物質についての現代原子論の勝利まで広がっている。確かにガリレオと現代原子論者は自分たちの結論を確立しテストするため懸命に努力したのに対し、デモクリトスの方は単にすべてでっち上げ、幸運にも正しいと分かったにすぎない。そうはいっても、古代アトミズムがプラトン以前のギリシア哲学のこの上ない達成として記述されてきたのは至当であった。

おそらく原子論に関して最も驚くべきことは、この外見上科学的な哲学がパルメニデスの分かりにくく信じがたい考えから直接出てきたことだ。パルメニデスの不動不変の一者をデモクリトスの騒々しい多数のアトムにするには、パルメニデスの前提をほんの一つ微調整するだけだった。いかにしてそうなったかは間もなく説明される。

アトミズムは何とか十七世紀以降にまでたどり着いたけれども、そこに到着するまで厳しい時代を経た。それがほとんど無意味だと定めるためにアリストテレスは相当の努力をした。プラトンはそれをあまりに不愉快に思ったので、デモクリトスに言及しようとすることもなく、まして彼を論駁することはなかったようだ。プラトンは彼の本をすべて燃やしたかったと言われている。デモクリトスは先行者たち全員の本を合わせたより多く書いたので、それはかなりの仕事になったであろう。不運にも、デモクリトスの著作はほとんどすべて無視されて消滅したから、とにかくプラトンの望んだとおりになった。初期キリスト教思想家たちはアトミズムを非難しその研究を挫くためのあらゆる機会をつかんだ。彼らの敵意は、アトミズムが物質はすべて分割できない粒子からできていると主張するという事実とは関係がなかった。その主題についてはイエスも旧約聖書の預言者たちもかつて意見を表明したことがなかった。初期キリスト教徒がアトミズムを嫌ったのには主な理由が二つある。第一に、それはあらゆることを、神の活動ではなく機械的な仕組み(これでは神は余計なものとなる)で説明しようとしたからだ。第二に、それは死後の生を認めないからだ。なぜなら、すべての事物――魂と、もしひょっとして背景に潜む何かが存在するなら、神々、を含む――は純粋に一時的な原子の配置であり、その配置は最後には解体し混沌へ帰るのだから。

アトミズムはまた、悪い仲間と関係を持ったと非難された。エピクロス(紀元前三四一～二七〇)がアトミズムを擁護し発展させたが、彼は肉体的快楽と過食の悪徳を美化したと後世には見なされた。この事実は、アトミズムが徳を大事にする人々の間でよい評判を得る助けとならなかった。さらに悪いことに、最も有名で影響力のあったアトミズムは、ルクレティウスの公然と反宗教的な詩『事物の本性について』において提示されたヴァージョンだった。ルクレティウスは、その詩の目的が迷信すなわち死への恐怖と聖職者の専制から人間を解放することにあるということをはっきりさせていた。

人間の生活が重苦しい迷信によって押しひしがれて、／見るも無残に地上に横たわり、／その迷信は空の領域から頭をのぞかせて／死すべき人間らをその怖ろしい姿で上からおびやかしていた時、／一人のギリシア人がはじめてこれに向って敢然と／死すべき者の眼を上げ、はじめてこれに立ち向ったのである。神々の物語も電光も、威圧的な空の囁きも／彼をおさえなかった。かえってそれだけいっそう、／彼のはげしい精神的勇気をかりたてては、自然の門の／かたい門をはじめて打ちやぶることに彼を向わせた。

ルクレティウスの英雄的「ギリシア人」とはエピクロスのことだった。しかし、アトミズムの名において自然の扉の門を最初にガタガタ鳴らしたのは、本当はデモクリトスとレウキッポスだった。

かつてデモクリトスは、ペルシア王となるよりも、一つの真の説明を見つけたい、と言った。彼の好奇心は彼を遥か遠くへ導いた。バビロン、エジプト、ペルシア、おそらくはインドとエチオピアへ。広い経験と関心が生み出したのは、純粋に哲学的主題に関する著作とともに、磁力、農業、音楽、ピアノ、生理学といった多様な主題に関する五十ばかりの論考と、どうやら装甲武闘術に関する論考も、だった。彼の主な情熱の一つは生物学だったけれど、これに関する彼自身の言葉、いや他の話題に関する言葉も、比較的少数しか現存しない。デモクリトスの残存する断片は二九九あり、プラトン以前のどの哲学者より多い。しかし、ほとんどすべては比較的平凡な倫理的著作に属しており、幾つかは彼が用いたと考えられる一単語にすぎない。それでも、主に批判対象とされた箇所からだが、アトミズムのシステムの概要をつなぎ合わせて総合するのに十分なだけが残されている。

アリストテレスによれば、その概要は初めレウキッポスが描いた。彼は紀元前四六〇年頃エレアかミレトスで生まれた。この二つの都市は哲学の最も生産的な源泉だ。デモクリトスは同じ頃アブデラに生まれた。そこはトラキアの海岸にあるイオニアの都市で、どういう訳かその住民の愚かさで評判となった。デモクリトスはレウキッポスに学び、一つの考えを受け継ぎ、その考えゆえに後者は記憶されている。すなわち、無数の小さなアトムが衝突し互いにくっついて、生物と無生物といった、世界のなじみ深いあらゆる対象を造るまで、(「空虚」と呼ばれる)空っぽの空間を走りまわる、という考えである。

後世の註釈者は言う。

……これらのアトムは、無限の空虚のうちに相互にばらばらに離れて存在し、形状と大きさと向きと配列を異にしつつ、空虚の中を運動している。そして、相互に行き合うと衝突して、偶然のままに、あるもの同士は跳ね返るが、あるもの同士は、形状と大きさと向きと配列との適合性に応じて相互に絡み合って一つの纏まりを保つと、それによって複合体の生成が行われるのである。

「アトム」という語は「分割できない」という意味の語アトモスから来ており、デモクリトスとレウキッポスのアトムは絶対的に硬く分割できず破壊できないと考えられた。通常の事物は、それを構成するアトムが分散する時、死ぬか壊れる。こうしてアトミズムのシステムは、エンペドクレスとアナクサゴラスのそれ同様、妥協案を出すことによって、パルメニデスが不可能と考えた変化と破壊を説明しようとする。三人は皆、妥協して、通常の変化する事物は、それ自体は変化しない構成要素からできているが、ただし構成要素が集まったり飛び離れたりする時はその配置が変わる、と言っている。そうした再配置が、われわれの見る変化する世界を生み出すのだ。

アトムを結びつける力は、似たものが似たものを引きつけるという古いギリシア的原理だ。デモクリトスは言う。「動物も類を等しくする動物と群れる、ハトがハトと、ツルがツルとというように、……。だがまた生命をもたぬものについても同様である。ちょうど篩《ふるい》にかけられた種子や、砂浜の小石に見ることができるように。」似た形のアトムは互いにくっつきがちだ。幾つかには、引っ掛けるための小さなフックまであると考えられた。デモクリトスは日常的事物の知覚される性質について、アトムの異なる形とサイズと配置によって、可能な限り説明しようとした。甘いものは丸く大きなアトムからつくられている。鋭い味のものは小さくて丸くない（それゆえ文字通り鋭い）アトムをもつ。塩辛いものは大きくて尖っていて歪んだ、等辺のアトムからなる。苦さは丸く滑らかだが不規則なアトムに対応する。油っぽいものは細かな丸く小さなアトムをもつ（それゆえ互いにたやすく滑ってゆくボールベアリングに似ている。なぜ油は粘り気があるのかはこれで説明されるとデモクリトスはたぶん考えた）。

デモクリトスによれば、われわれにはこれら微細な基礎単位のシャワーが常に降り注いでいる。すべては究極的には、運動するアトムの問題でなければならないから、知覚も、アトムが対象から発出し感覚器官を通じ体内に入ることの結果だと生硬な説明がなされる。何かが感覚される時に体内で何が現実に生じているかは、曖昧なままだ。精神は身体内のどこかにある球形のアトムの集まりだと言われ、思考は、アトムの雨の流入によって精神のアトムがかき回された時の、その運動に何らかの仕方で基づいている。気候のような大規模現象についてのデモクリトスによる説明は、当時のなじみ深い説明から自由に拝借している。たとえば、アトムの不均衡な組み合わせが雲に含まれる時、それが雲を無理やり下降させることによって雷が引き起こされる、と彼は考える。

デモクリトスは自分に適した旧来の考えをすべて私物化し、アトムを状況に組み込むのに必要な限りで有名にした。アトミズムの物理理論において強力で独創的なのは、アトムそのものの考えであり、また自然すべてを——さらにまた自然についての人間の認識を——極度に無駄のない基礎に基づいて説明しようとする決意だ。アトムのサイズと形と配置のみが本物の説明に登場することを許されるべきだと主張することによってデモクリトスは、たとえ何とか金を掘り当てることはできなかったにせよ、エンペドクレスやアナクサゴラスよりも深く掘ることに成功した。エンペドクレスとアナクサゴラスは二人とも、あれやこれやの形式の日常的性質や物質にたどり着くや否や、満足して掘るのをやめた（エンペドクレスの場合は土と空気と火と水の「元素」、アナクサゴラスの場合は小さな量の日常的実体すべて）。

アトムの考えはどこから来たのか。また、たとえば甘いものや塩辛いものの場合のアトムの形についてデモクリトスの発言のための証拠はどこにあったのか。これらの考えの実験やテストに関する何のヒントもない。デモクリトスは、漂う塵《ちり》か何かを見ている間に、小さな粒子という考えを思いついたのかもしれない。というのも彼はアトムを「空気中に漂ういわゆる微塵」に喩え、「それは、扉の間を通って差し込んでくる光線のなかに見える」と言ったからだ。アトムの形に関しては、彼による説明には、素朴な常識に対する何か直感的な本当らしさがあるようだ。二千年以上後、十七世紀終わりに、あるフランス人化学者は依然として教科書の中で次のように書くことができた。

ある事物の隠された本性を説明するには、それが引き起こすあらゆる効果に対応する形をその諸部分に割り当てる以上にうまいやりかたはない。ある液体の酸味が先の尖った粒子によって生ずることを否定するひとはあるまい。あらゆる経験がこれを確証している。そのような舌の痛みが非常に細かく鋭く角切りされた物体によって引き起こされるのを感じるには、舌で味わいさえすればよいのだ。

この化学者もデモクリトス同様に自分の言ったことの証拠は持っていなかった。それはただ何か正しいと感じられるようだったにすぎない。

レウキッポスとデモクリトスをアトムに導いたのは、何らかの証拠でなくて、主としてゼノンだったようだ。彼らは、ゼノンの諸パラドックスの、あるいは少なくともその幾つかの、間違っている点は、ゼノンが物理的素材は無限に分割できると想定したことにある、という結論に到達した。ゼノンは確かに、もし日常的物質が存在するなら無限に分割可能でなければならないだろうと想定していた。この考えが最終的に不条理へとつながるとゼノンは論じ、これが常識の世界を彼が拒否した一つの理由である。しかしおそらくレウキッポスとデモクリトスは、無限分割可能性がパラドックスのアキレス腱だと考えた。結局ゼノンはその考えのいかなる証明も決して与えなかった。彼は単純にそれを想定し、そこからパラドックスが続いて生じるようにした。物質が無限に分割可能でない――すなわち、さらなる切断や分割が不可能な、事物の最小の目盛りが存在する――と想定すれば、ゼノンを途中で止めることができるだろう、あるいはデモクリトスとレウキッポスはそう考えた。こうして彼らは、物質のその最小の目盛りとしてアトムを提案したのである。

ゼノンに対処したのちの原子論者たちの次の一歩は、パルメニデスに対抗することだった。運動という考えに対するパルメニデスの異議の一つは、運動は空虚な空間を必要とする、さもなければ何かが動くための余地がないだろう、というものだった。しかし空虚な空間は「無」だから、パルメニデスにとって存在できなかった。そして空虚な空間がこのように不可能だから、運動も不可能だった。この空虚な空間論駁のどこが間違っていると考えたかを実際は言わずに、原子論者たちはそれに同意しないよう求めた。「空虚」のようなものが実は存在できると彼らは考え、この真空が確立されるやいなや、運動するアトムの世界がすぐに登場した。アトミストたちの議論はおおよそ次のようなものだった。ひとたび空虚が認められるなら、単にパルメニデスの一者だけでなく多くの事物が存在するという考えも認められることになる。なぜなら今や、異なる諸事物間にあって事物を別々に保つ空虚な空間があるから。しかし、アトムそのものの内部に空虚な空間は存在しない。もしそうなら、アトムは硬くなくなり、より小さな部分に分割可能となろうが、定義により、アトムは分割可能でない。アトムは何ら部分をもたないから、変化や崩壊を被らず、永遠なのだ。

　こうしてパルメニデスの論理装置の一つの歯車(すなわち空虚な空間の不可能性と言い立てられたもの)を注意深く取り去ることによって、アトミストは自分の目的に合うようその装置を改造したのだ。アトムが動き、多数あるという違いを除くと、デモクリトスのアトムはパルメニデスの神秘的一者と共通点が多い。両者とも永遠に存続し、決して変わらず、部分をもたず、内部に空虚な空間をもたない。実際、パルメニデスの弟子メリッソスは師の見解のそうした発展が可能なことをかすかに予期していたようだ。彼はかつて、仮にもし多くの事物があるとしても、それぞれはパルメニデスの一者によく似たものとなろう、と述べた。

アトミズムのシステムには、強いパルメニデス的風味とともに、かすかなピュタゴラス的風味がある。ピュタゴラス的宇宙では、あらゆるものは「諸単位」の組み合わせから作り上げられており、諸単位は他の何よりもどうにかして実在的《リアル》だと考えられている。ピュタゴラス派にとってこれら単位は、神秘的にも数であった。デモクリトスとレウキッポスにとって、そうした単位は硬い物理的対象だった。古代アトミズムの説明が数について語ることはまったくなく、何かの量を測定したいという欲望すら語られなかった（デモクリトスには数学的話題に関し十数冊の著作があったと推定されるが）。古代と現代のアトミズムはこの事実によって区分される。化学者と物理学者が物質的現象を測定する洗練された方法を発展させた時にだけ、アトミズムという学説は成熟した科学的企てへと発展したのだ。

それでも、たとえデモクリトスのアトムは彼の時代には実際に数量で表されえなかったにせよ、アトムが理論上は精確に測定できるようなものだった点は重要だ。それは、数学と物理学が仕事に取りかかるのにふさわしいものだった。アトムは動き、サイズがあり、位置をもち、重さがあり、幾何学的形をもっていた。そしてそれがアトムに関する真理のすべてだった。アトムは、色や匂いや味のような人間の感覚と特に結びついた質の何も、内在的特性としてもたなかった。デモクリトスによると、日常的事物の色と味わいは外部世界の客観的特性ではまったくなかった。そうでなくて、それらはアトムの流入により引き起こされた、人間の身体の状態だったようだ。したがって例えば、甘い味のもののアトムが丸くて大きいと彼が言う時、彼が意味するのはそうしたアトムそのものがまさしく甘いということでなくて、その丸さと大きさが甘さの感覚をわれわれに引き起こすということである。

ひょっとすると彼にこう言うよう促したのは、知覚対象が同一であるのに、人によって感覚が異なる場合があるという事実だった。アリストテレスは述べる。「同じものでもこれを味わう或る人には甘く思われ、他の或る人には辛く思われる……。……我々各自にとっても個々の感覚への現われは必ずしも同一とは思えない。」デモクリトスの言うとおりだ。「甘さは約定（ノモス）上のものとしてあり、苦さは約定上のものとしてあり、熱さは約定上のものとしてあり、冷たさは約定上のものとしてあり、色は約定上のものとしてあるが、しかるに諸々のアトムと空虚は真実にある。」

言いかえると、暖かさ、味、色その他について感覚が告げることは純粋に主観的なのである。われわれがそうした性質を物理的対象に帰属させ、どの対象がどの性質をもつかについて通常同意するのは、単に共通の規約《コモン・コンベンション》にすぎない。というのも本当は、サイズや重さその他を備えた、アトムの組み合わせが空間内にあるだけだから。これもまたパルメニデスを想わせる。彼は、感覚を素朴に信用するから人々があると信じている色のようなものどもは単なる「名前」だと言っていた。パルメニデス同様デモクリトスも感覚を信用しなかったが、しかし完全にその価値を認めないところまでパルメニデスに従うことはなかった。デモクリトスは知性（もしくは理性）を通じて得られた知識と、感覚を通じて得られた知識とを区別した。

文字どおりには彼は次のように言っている。「知には二つの形態がある。すなわち、真正の知と暗い知である。暗い知に属するのは次のものがすべてである――視覚、聴覚、嗅覚、味覚、触覚。もう一方は真正の知であり、暗い知とは切り離されている。」それから真正の知を暗い知に優先させて、彼は次のように付け加えて語っている。「暗い知が、もはやそれ以上小さいものを見ることもできないし、聞くことも、嗅ぐことも、味わうことも、触覚において感覚することもできないときには、何か別の、より微細なもの[道具]を採用しなければならない。」こういうわけで、……理性が[真偽を判定する際の]基準なのである。

アトミストに従うと「暗い」感覚は、運動する日常的対象の世界の存在を確証するに足るほどにだけ信頼できる。そうした世界を否定したパルメニデスは間違っていた。しかし、理性だけが、世界に関するより深い真理を、すなわち世界が究極的に無色のアトムからできていることを、明らかにするに足るほど強力であり信用できる。理性がこの真理に導かれるのは、ゼノンとパルメニデスの議論を熟考し修正した議論の上に理論を打ち立てることによってである。

以上すべてから現れる見取り図はガリレオのそれとよく似ている。その世界観が斬新だと思われたためによく引用される一節で、ガリレオは言っている。

任意の物質的……実体を心に抱くときいつも私は直ちにそれを……以下のようなものとして考える必要を感じる。この形やあの形をもつものとして、また他の事物との関係で、任意の時刻にある特定の場所において、大きい、もしくは、小さいものとして、また運動している、もしくは、止まっているものとしてや、他の物体に触っている、もしくは、触っていないものとして。しかし、それが白いか赤いか、苦いか甘いか、うるさいか静かか、よい匂いかわるい匂いかに違いないということを、必然的付属物として導入するように強制されるとは、私の心は感じない。感覚を導きとしないなら、理性や想像力は助力なしではそうした諸性質にたぶん決して到達しないだろう。それゆえ私は、味、匂い、色その他は、われわれがそれらを位置づける対象に関する限り、単なる名前にすぎず、それらは意識の中にだけ存在している、と考える。それゆえ仮にもし生きている生き物が取り除かれるなら、そうした性質すべては拭い去られ消滅するだろう。

デモクリトスは以上すべてに完全に賛成したことだろう（それを剽窃と見ようとしなかったならば、だが）。十七世紀に、その考えの時がついにやって来たのである。ロバート・ボイル（一六二七〜一六九一）は「原子論の最初の発明者たちの奇抜な空想と途方のなさを除去し修正した原子論的哲学」を支持したアイルランド人物理学者・化学者だが、諸事物の「一次性質」と「二次性質」と彼が呼んだものによって事態を表現した。この一次性質は粒子の大きさ、形、順序、構造、固体性、運動だった。これらが、自然現象の説明に科学者が道具箱に必要とするすべてだった。そうしてボイルは一次性質によって、熱、凝集、硬さ、色その他多くを説明しようと試み、デモクリトスより相当多くの成功を収めた。哲学者ジョン・ロック（一六三二〜一七〇四）はこれを基礎にして詳細で影響力のある理論を発展させた。彼は五つの一次性質――大きさ、形、数、固体性、運動と休止状態――を認め、二次的で感覚的な性質——たとえば、色や匂い——は「客観そのもののうちの何ものでもなく、客観の一次性質によってわれわれのうちに様々な感覚を産み出す力」だと述べた。現代科学は、他のすべてがそれによって説明できるような、正確に測定可能な一組の基本的性質という考えを保持している（今日のリストはボイルとロックのと異なるけれども）。しかし、色のような感覚的性質が「単なる名前」であり、誰も感覚しないなら存在しないだろうと、ガリレオと共に主張するのはあまり賢明ではない。人々は依然として、そのように言うのが誤導的かどうかについて一致しない。

今日の科学者がデモクリトスの言うことに従わないこと——そしてガリレオもボイルもロックも言わなかったこと——の一つは、「暗い」感覚が世界について発見を行う際に実質的役割を何ら果たさないという点だ。反対に、あらゆる立派な物理理論のための証拠をテストし蓄積することにおいて多かれ少なかれ感覚が関与している。後世の物理学の考えがデモクリトスのそれと類似する範囲の誇張を避けるため、実験による証拠が現代原子論を古代の先祖からどんなに遠く引き離したかを述べる価値がある。われわれのアトムは、レウキッポスとデモクリトスのアトムに由来するけれども、それと同じではない。まず第一に、現代のアトムは永遠、不滅、固体的、分割不能でない。それは自然過程により造られ、滅びるし、大方のところ空虚な空間でできている（それは小さく高密度の核の周りの電子の大群である）し、構成要素に分離できる。デモクリトスは、その振る舞いを記述するのに用いられる重要な性質と力のほとんどにまったく気づいていなかった。たとえば、彼は電荷について何も知らなかった。いっそうまずいことに、それは古代ギリシャ人が期待するのと正反対の振る舞いをする。電磁気学の世界では似たものは似たものを引きつけず、反発するのだ。

古代原子論と現代原子論の違いのリストを続けることもできるけれども、それもまた誤解を招くかもしれない。用語法上の偶発事によって偽りの対比に導かれることに気をつけなければならない。たとえば、レウキッポスとデモクリトスのアトムは定義により分割不能だったのに対し、今われわれが「アトム」と呼ぶものは分割されると広く知られており、物質の基礎単位だとももはや見なされていない、とは科学史家が通常指摘するところである。その代わり今われわれにはずっと小さな基礎的粒子があり、それはクォークとレプトンという二種類に分割される。しかし、これは燻製ニシン〔注意を他にそらせるもの〕だ。先のように言っても、古代アトミズムの中心的主張が偽だと判明したことにはならない。われわれが「アトム」と呼ぶものが結局は物質の根本的構成要素でないと分かったという事実が示すのは、「アトム」という名前でそれらの特定の粒子に威厳をつけるのを現代物理学者があまりに急ぎすぎたということにすぎない。十九世紀の科学者たちが探求対象の粒子を「アトム」と呼んだのは、そうした粒子が分割できないと――後で分かったように、誤って――信じたからだ。デモクリトスとレウキッポスのアトミズムは、どんな名前で呼ばれようと、分割できない基礎的粒子が何ら存在しないと示されない限り、論駁されない。存在するかしないかは開かれた問いのままだ。とはいえ、それはいよいよ不適切な問いとなっている。現代物理学においては、粒子概念そのものが、それだけで考察されるなら、時代遅れの概念である。粒子は力と場に極めて密接に関連し、幾つかの場合では単なる言い方にすぎないと見なされる。現代の説明では、こうなる。「様々なタイプの基本的粒子は、対応するタイプの場のエネルギーと運動量の束として現れる。」

レウキッポスとデモクリトスの時期尚早の現代性がいっそう容易に明らかとなるのは、物質の小規模な構造に関する彼らの発言の詳細よりも宇宙全体の構想を検討する場合である。彼らは宇宙を莫大で無限で非人称的と見たが、それは紀元後の十七世紀までの時代のためにプラトンとアリストテレスが遺した、人間的で家庭的と言ってよい宇宙とまったく似ていなかった。アトミストたちは疾走するアトムの混沌から秩序と生命の出現を何とかして説明しなければならなかったから、あらゆる種類の世界がどこかで生じると想定するのが理に適うと考えるのに十分なだけ莫大な、無限の宇宙を提案した。

またある宇宙世界には太陽も月も存在しないが、ある宇宙世界にはわれわれのところよりもより大きな太陽や月が存在している……。諸宇宙世界同士の間隔は不均衡で、あるところには多数存在するが、あるところには少なく、またある宇宙世界は増大しつつあり、ある宇宙世界は最盛期を迎えているが、あるものは衰退しつつある。またあるところには生まれつつあり、またあるところでは衰亡しつつある。それらは互いに衝突することによって消滅する。いくつかの宇宙世界には動物も植物も生息していず、また水分がまったくない。

われわれの世界はこうして多くの可能性の一つ、ただし生命のための条件が適切な可能世界の一つ、にすぎない(ここで「世界」は大雑把に、惑星や惑星群を意味している)。

　というのも、ルクレティウスが後に述べるように、

さまざまな仕方で多数の元素が無限の過去から打撃をうけてかりたてられ／また自分の重さによっておしうごかされて／あらゆる仕方で会合し、そして互いに集合して／作り出しうる限りのものは、一つ残らず試みつづけてき／その結果、長い長い年代を通じて撒きちらされ／あらゆる種類の結合と運動とをこころみ／そしてついに突然集ってその会合から／大いなるものがしばしば生れ出たのである、／大地、海、空、動物の種族といったものが。

　これを、リチャード・ドーキンスの最近の科学書『利己的な遺伝子』の中の言葉と比較してみよう。ドーキンスは完全にルクレティウス的な宣言で始める。「生命には意味があるのか？　われわれはなんのためにいるのか？　……といった深遠な問題に出会っても、われわれはもう迷信に頼る必要はない。」彼はいかに科学が「単純なものが複雑なものに変わりうる方途を、すなわち、無秩序な原子が自ら集まっていっそう複雑なパターンをなし、ついには人間をつくりあげた方法を示してくれる」かを記述する。それゆえ、「設計とか目的とか指示を考える必要はない。……一群の原子が安定なパターンになれば、それらはそのままとどまろうとするであろう。」

このように、現代科学はデモクリトスとエピクロスとルクレティウスのむき出しの骨に肉をつけた。それは急速に、アトムの混沌が自然的に、「計画者」なしに、秩序と生命へといかにして変容するかの詳細を書き込んでおり、そうして彼らの希望を満たしつつある。生命に関係する謎の単独では最大の部分は、ダーウィンの、自然選択による進化の説明――その最も一般的な原理をエンペドクレスがぼんやりと予期していたことは既に見た――によってうまく埋められた。人間の創造についてのアトミストの話が、後に十九世紀にダーウィンに向けられたのと同じ訝しげな反対に出会ったことは、驚きでない。アトミストは人間が「創造者なしに何の理由もなく、虫のように地面から現れた」と考える、と四世紀の困惑したキリスト教徒は言った。

デモクリトスは、テニソンがルクレティウスに関する詩において「私を人にした盲目の起源」と呼んだもので話を終わらせなかった。彼は続けて、人間文化の発展の説明、人間の幸福の理論、そして実に倫理学の全体系を提供した。最初の人々は敵対的世界の中で生存のために孤独に闘ったが、野獣という共通の敵に直面して協力を始めた。やがて、彼らが産み出す音のうち認めやすいものの幾つかに意味を取り決めることによって、ブツブツ言う音を洗練し意思を伝達し始めた。徐々に経験は彼らに、洞窟に住み幾らか食物を貯蔵することによってより効果的に生き延びることを教えた。彼らは他の生き物を真似することで多くを学んだ。最重要事において人は動物たちの弟子だ、とデモクリトスは言う。たとえば最初、紡績と修繕は蜘蛛の模倣だったし、歌唱はナイチンゲールの模倣だったし、家屋建築はツバメに由来する。しかし、人間の最も価値ある天賦の才は人間自身の自然的知性であり、それは世界がいかに働くかを経験から学ぶことを可能とする。それゆえ、感覚により提供される「暗い知」は結局は有用なのである。

人間が基本的必要の規則的供給に十分なほど学んだとき、音楽その他のより娯楽的な気晴らしに向かう余裕ができた。人間は幸福の追求にも専念できた。デモクリトスにとって、節制、平静、獲得不能なものや儚いものへの破壊的欲望の不在によって幸福は生み出された。精神あるいは魂がそうした不穏な感情によって揺さぶられるとき、そのアトムは乱され不安定になる。この考えはギリシア医学の伝統的見解を反映しており、それによれば身体的健康は身体内の諸要素の温和なバランスである。精神は身体と同じく物理的アトムからできているから、デモクリトスによると、精神的健康と幸福は身体的健康と同じ要素をもっている。バランスが、そして葛藤によって引き起こされるような精神的動揺の不在が必須である。

安定性、節制、秩序という同じ要素が、健康な社会にも必要だ。文明はデモクリトスには都市を意味したが、容易に野蛮へ後戻りできる、人間による危うい創造物である。もし文明が依存している調和と節度が駄目にされれば、芸術、哲学、幸福そのものが間もなく消滅するだろう。デモクリトスがこの危険を深刻に受け止めたことは明らかである。というのも、都市の安定性を崩壊させる恐れのある任意の者への死刑を強く主張したからだ。社会が繁栄し続けるためには、知恵と責任ある行動を次世代に伝えるべく注意が払われなければならない。現存するデモクリトスの断片は教育を扱っているが、彼は教育を厳格な責任と考えていた。あらゆることの中で最悪なのは、若年者の学校教育における甘やかしだ、と彼は書いた。彼自身に子どもがいたかどうかは知られていない。いなかったか、あるいはもしいたとしても後に彼はそれを後悔したようだ。

人に子どもをつくる必要が何かあるならば、友人たちの誰かからもらう方がよりよいように私には思われる。そうすれば彼には、彼が望むような子どもが手にはいるであろう。というのも彼が望むような子どもを選ぶことができるから。そしてふさわしいと思われる子は、またとりわけて自然本性に即して彼に従ってくれるであろう。そしてこれは非常に優れたやり方であり、ここでは多くのものたちから、どのような子を必要とするのであれ、意に叶う子どもを得ることができる。しかしもし人が自分から子どもをつくるならば、多くの危険が伴う。というのも、生まれた子がどのようなものであれ、それと付き合わねばならないから。

徳を植えつけることを彼は厳しく主張したから、自身とともに生きようと少し努めていたにちがいない。彼が教えたい道徳——正義、自分の運命への満足、思慮分別——に革命的なところは何一つない。それが反映しているのは、精神の原子論的説明を組み入れるように合わせた、彼の時代の伝統的理想だった。彼の説教における新しさは、主として次の事実にあった。すなわち、彼が人々に徳ある行動を強く主張したのは、それが神々を喜ばしたり懐柔したりするとか、満足できる死後の生を確かなものにするからでなくて、そうした徳がこの地上での個人的幸福への信頼できる道を整えるからだ、という事実である。言いかえると、徳は実は自己利益の問題である。後世エピクロスとルクレティウスにより発展させられ、初期キリスト教徒を仰天させたのは、この非宗教的道徳だった。

このような人間が作った道徳は、デモクリトスの同時代のより思慮深い人々に対して面倒な問いを誘発した。賢明な自己利益が不道徳《アモラル》な利己性へと堕落するのをいかにして防ぐのか。次のような状況にいる人を考察してみよう。その人は、何でもしたいことをして罰せられないほど強く、それゆえ慣習的道徳規則を無視できる。もしこのような悪人が都市の安定性を破壊するまでには到らず、そしてそうした行為によって個人的に満足するなら、どんな基礎に基づいてデモクリトスは彼を非難できるのか。

こうした問題の討議は、ソフィストたちによる知的運動の中で、五世紀後半のアテナイにおいて盛んに行われた。後にプラトンはソフィストたちに対して極端なほど敵対的で、彼らが知的議論の技芸を悪用した冷笑的ペテン師だったとした。そうしたのは彼だけではなかった。「ソフィストリィ(sophistry)」という語とその関連語がそれ以降、虚偽推論、へりくつ、言葉によるペテンを意味するものとして用いられてきたのは、大方のところ、そうした宣伝の成功を反映している。この精神に基づいて、ディズレーリは政治的敵手グラッドストンを「自分の冗長さのほとばしりで有頂天になっているソフィスト的弁論家」として言及した。

グラッドストンについての真実はどうあれ、元々のソフィストたちはこれよりもっと報いられるべきだ。何より彼らはアテナイの知的生活のエンジンに燃料を与え、われわれが現在、人文学《ヒューマニティズ》と呼ぶだろうものの方向に向かわせた。これまで検討された哲学者の幾人かは自然に関する思索を合理的説明の探求で変容させたが、他方ソフィストたちの中でより哲学的精神をもった人々は自然と人工的慣習や法との争いについて考えようとした。慣習と自然とのこの衝突には幾つかの側面があった。ソフィストたちは、相対立する、一方の人間の利己的本能の要求と他方の正義の要求についてだけでなくて、客観的知識概念に対して、人間が知っていると主張することの多くは人間の慣習（規約convention）の問題にすぎないというデモクリトス的考えが提起する問題についても何事かを述べることに関心があった。デモクリトスの原子論の格言を思い出そう。「甘さは約定《ノモス》上のものとしてあり、苦さは約定上のものとしてあり、熱さは約定上のものとしてあり、冷たさは約定上のものとしてあり、色は約定上のものとしてあるが、しかるに諸々のアトムと空虚は真実にある。」最も著名なソフィストたちならこんなふうに表現しなかっただろう。というのも彼らは知識の範囲について別の結論に達したから。しかし彼らは皆、デモクリトスが取り組んだ問題、すなわち客観的実在と個人的知覚の対比の問題を十分に認識していただろう。

　デモクリトスはソフィストたちの世界にほとんど属しているけれども、完全に、ではない。彼を彼らから分離するのは、時間ではない。最初期のソフィストたちは、デモクリトスがまだ若い時に、既に教えていた。彼らを分かつのは、それぞれの違った職業的・知的関心だった。デモクリトスの思考はソフィストたちが探求を企てた問題の多くに向かった——実際、彼は彼らの考えを幾つか論じた——けれども、彼は同じ探求の旅でそうしたことがないようだ。

9　パンドラの箱を開ける——ソフィストたち

外交官、個別指導教師、広告コンサルタント、講演者、舞台エンターテイナー、演説作者、哲学者、夕食後の演説者、心理療法士。いわゆる五世紀後半のアテナイの「ソフィストたち」の幾人かは以上すべてが当てはまり、ほとんどの場合に少なくとも幾つかは当てはまった。ある人間集団全体はもとより、そもそも誰かがそうした複数の役割をいかにして兼ねるに至れたかを理解するには、哲学的論争から退いてアテナイ人とその都市を見るのがよい。

五世紀中頃までに、ギリシア都市国家の、ゆるく反ペルシア同盟として始まった同盟は、大方のところアテナイ海軍の成功のおかげで、アテナイをその心臓とする帝国へと進化しつつあった。アテナイは、これで裕福になった。他の同盟国はアテナイに献納金を納め、その金の一部は、パルテノン神殿を含む、今日でもまだ見ることのできる事物に流用された。こうした美化《グロリフィケーション》の多くはアテナイの指導的市民ペリクレスによって始められたが、彼はアナクサゴラスの知的仲間として既に言及された。「かくも偉大な証績をもってわが国力を衆目に明らかにしたわれらは、今日の世界のみならず、遠き末世にいたるまで世人の賞嘆のまととなるだろう。」ペリクレスは国家の戦争英雄のための記念演説において、正しくも、こう予言した。

同じ演説においてペリクレスはアテナイ人の生活の特徴を称賛している。その特徴が、都市の富とともに、ソフィストたちの出現を最もよく説明する。

　われらの政体……、その名は、少数者の独占を排し多数者の公平を守ることを旨として、民主政治と呼ばれる。わが国においては、個人間に紛争が生ずれば、法律の定めによってすべての人に平等な発言が認められる。だが一個人が才能の秀でていることが世にわかれば、無差別なる平等の理を排し世人の認めるその人の能力に応じて、公の高い地位を授けられる。

特定の能力が何よりも重要視された。すなわち、政治的集会参加者や陪審員たちの前で説得力をもって話し論じる能力だ。ペリクレス自身の権力はかなりの程度、民会を率いる能力にあった。彼のアテナイ賛美は次のように続いている。

　われら市民自身、決議を求められれば判断を下しうることはもちろん、提議された問題を正しく理解することができる。理をわけた議論を行動の妨げとは考えず、行動にうつる前にことをわけて理解していないときにこそかえって失敗を招く、と考えているからだ。

アテナイ人はよい議論を愛したし、論争が面白ければ、悪い議論すら愛した。彼らの訴訟好きは有名であり、自ら訴訟を楽しむこともあった。アリストファネスによる当時の喜劇で、ストレプシアデスという名の単純な農夫が学生に学園内を案内され、教育施設を示される場面がある。

弟子　〔地図を示しながら〕そしてこれが、地面全体の見取り図だ。わかるかね。これがアテナイ。

ストレプシアデス　ええ？　何の話ですかい。わしは納得できませんわい。陪審員の座っているのが見えないからね。

ストレプシアデスがこの学校に関心があるのは、たまたま、破産裁判所で債権者たちを打ち負かすに十分なだけうまく話す方法を自分の息子に学ばせたいからだ。ディベートの訓練に熱心だったのは悪漢たちだけではなかった。市民は、生まれついての雄弁家でない場合、民主主義が提供する様々な機会をいかにしてつかみとることができたか。当時行われていたような日常的教育システムは、大して役に立たなかった。アテナイの少年たちが学んだのは読み書き、音楽、スポーツ、体育、おそらく少しの数学、それに大量の叙事詩だった。彼らは七歳から始め、ほとんどは十四歳までに学業を終えた。少女たちは二、三の手仕事を教わっただけだった。金に余裕のある人々の間に、何らかの形の高等教育の需要があったのは、ほとんど驚きではない。ソフィストたちは、知的自己向上へのそうした欲求を満たそうとしてギリシア中からやってきた人々だった。

才能に恵まれ教育のあるギリシア語話者は皆、アテナイに魅力を感じて当然だった。そうした人は、アテナイ市民でなかった場合、民会で議論することで出世してゆく道は閉ざされていたけれども、アテナイ人がその道をたどることを準備することによってと、アテナイ人の子どもたちを教育し、晩餐を啓発的で楽しいものとし、祭礼において出し物を演じ忠告を提供することによって、よい稼ぎを得て気前のいい接待を受けることができた。外国出身で、教えることにより金を稼いだ最初の人々の一人がプロタゴラスだった。彼はアナクサゴラスとエンペドクレスの同時代人で、ペリクレスの友人となったし、プラトンの幾つかの対話篇で名を挙げられたり自身が登場したりしている。当初彼は出身地アブデラの外交使節としてアテナイに来た。他の有名なソフィストたちも外交使節としてやって来たが、それにはシチリアのレオンティノイ出身のゴルギアスとエリス出身のヒッピアスが含まれる。

この人たちの時代以前、ソフィステース（ソフィスト）という語はあらゆる種類の賢者と知者に適用された。紛らわしいことに、その時代以降になっても、四世紀の著作家の幾人かはタレスにまで遡るすべての哲学者を指すために、その語を用い続けた。しかしソフィストたち自身の時代にはその語は主に、金のために教えた人々に、特に修辞学、政治技術、道徳的・法的言論に秀でる方法の訓練を提供した人々にとっておかれた（私の「ソフィスト」という語の用法は、これだ）。プラトンの対話篇の一つにおいて語り手ソクラテスはプロタゴラスに、彼の弟子となる者に正確には何を教えようとするのか、と尋ねている。プロタゴラスは答える。

「で、私から学ぶものは何かというと、身内の事柄については最もよく自分の一家を斉《ととの》える道をはかり、さらに国家公共の事柄については、これを行なうにも論ずるにも、最も有能有力の者となるべき道をはかることの上手というのが、これである」

「はたして私は」とぼくは言った、「あなたの言葉に間違わずについて行っているでしょうか。——私には、あなたのおっしゃっているのは国家社会のための技術のことであり、あなたが約束されるのは、国家社会の一員としてすぐれた人間をつくるということであるように思えるのですが」

「そのとおり、ソクラテス、それこそまさに、私が広く世に問うところのものだ」

しかしプラトンはプロタゴラスを単純化しすぎている。通常プラトンは敬意をもって比較的有名なソフィストたちに言及するけれども、たいてい彼は彼らの学説に同意しないし、よき市民や熟練した政治家がもつような徳の教育を売ることが適切である、いやそもそも可能であるという考えにとりわけ反対していた。それゆえ、プラトンが焦点を当てたのは、実生活上の成功《プラクティカル・サクセス》を教えるというソフィストたちの主張であり、それは攻撃のためだった。しかし実際は、彼らのカリキュラム全体は遥かに大きいものだった。ソフィストたちが教え論じた主題には、文法、言語理論、修辞学、文芸批評、音楽、法律、宗教の本質、倫理学と政治学、人間と社会の起源、数学、幾らかの自然科学が含まれた。このような主題の内で彼らは高等教育の申し分のないコースを提供した。そうすることで彼らは、伝統的な詩人、吟遊詩人、アナクサゴラスのような奇妙な無給の哲学者に代わって、知恵の調達者となった。

彼らの内には二、三の主題を専門としている者もいればもっと広い訓練を提供した者もいただろう。プロタゴラス本人を例に取ろう。彼は神の本性に関する論考を書き、悲劇詩人エウリピデスの家でそれが最初に公に読まれたと言われている。彼は法と統治にも強い関心があったはずだ。ペリクレスが南イタリアの新しい都市のために法律を彼に書かせたからだ。彼とペリクレスはかつて、やり投げ競技における事故死の責任が誰にあるかという法律問題を論じて一日中過ごしたと言われる。彼はまた詩の意味を詳細に論述した。彼は言語について教え著述し、最初の文法学者と呼ばれることもある（彼によるような言語的区別はプラトンにとって役に立つことになった。プラトンはパルメニデスの「無」に関するもつれた言明をほどくためにそうした区別を用いた）。もっと狭い哲学的話題については、プラトンの対話篇においてプロタゴラスは様々な道徳的問題および知識の本性を論じている。プロタゴラスはまた、人間はすべてのものの尺度であるという有名な分かりにくい発言を含む、真理に関する哲学的論考を書いた。この考えは後で検討される。

以上すべてからプロタゴラスは堂々とした博識家のようだし、実際そうだった。彼はレスリングに関する論考を書きさえした。だが彼の幅広さもヒッピアスと呼ばれるより若いソフィストに比べれば何でもない。ヒッピアスはほとんど何についても教える用意があったし、その才能は教育に限られなかった。プラトンによれば、かつてヒッピアスは、自作の詩を朗唱しにオリュンピア祭に登場した時、自分の靴、外套、上衣、腰帯、指輪を製作したし、その時たまたま所持していたブラシと油容器にいたるまで拵《こしら》えた、と自慢した。公の場に現れることから多額の金を稼いだと彼は主張したが、そうした場で彼は準備済みの演説をすることにもすべての聴衆から質問を受けることにも準備ができていた。服や小物を拵えるのとは別の時間に、数学史と哲学史を編纂した。彼は劇も書いた。プラトンは彼を笑いものにしたが、それは全く驚きではない。ヒッピアスの学識は深いのでなくて広かったのだし、幾何学においてまずまず重要な曲線を発見したらしいことを除くと、彼が教えた多くの主題のいずれにも重要な貢献を行わなかったようだ。プラトンがヒッピアスの台詞とした、次のようなヒッピアス自身の評価を歴史は裏書きしなかった。「どんなことにおいても、この私より勝《まさ》っている者には今まで一人としてお目にかかったことはないのだ。」

うぬぼれがもっと少ないソフィスト仲間にアンティポンがいた。残存する彼の言葉は時に疲れた悲観主義を表明している。「幸いなる人よ、どのような人生も驚くほど簡単に咎めることのできるものであり、……それには特別なことも、偉大で厳粛なことも何もなく、すべては小さくて弱々しく、つかの間のものであり、大きな苦痛と混ぜ合わされているのだ。」彼はまた言う、「生きるということは、うたかたの見張りに似ており、人生の長さは、いわば一日にすぎないかのようだ。その間に、われわれは光のほうを仰ぎ見た後、来たるべき世代の人たちに人生を手渡す。」彼の残存する著作の内でずっと重要なのは倫理学、特に正義の本性に関するもので、それを彼は特に教えたようだ。彼はまたより個人的な領域に関わる商品を売りに出した。特に彼は夢とその解釈に関心があり、一種の心理療法業を始めたようだ。

比較的専門化されたソフィストたちの一人にゴルギアスがいた。彼は修辞学の手引書を何冊か書いた著名な雄弁家だった。とりわけゴルギアスは、説得的議論のモデルとして学ばれ模倣されることを目指した演説を幾つか残した。そのうち最も長いのが、トロイアのヘレネーの強力な擁護演説だ。プラトンが最大の苦情を述べるのは、ソフィストたちのこの側面である。プラトンは、ソフィストたちが論争において真理に注意を払うことができず、顧客に勝利の策略を教えることにだけ関心があった、と主張した。自分の側に正義があるか、より強い議論があるかは、問題にならなかった。ソフィストたちはいかなる論戦においても役立つあらゆる種類の計略を喜んで指導しただろう。プラトンの最も優れた弟子アリストテレスは師の攻撃方針に倣い、「ソフィスト術とは、知恵に見えるが本当は知恵でないものであり、ソフィストとは、知恵に見えるが本当はそうでないもので金銭を稼ぐ者である」と言った。

プラトンとその支持者がソフィストたちに投げかけた批判の泥は、語 sophistry のどの辞書的定義も立証するとおり、彼らに貼りついたままだ。彼らはそれに値したか。プラトンらが批判を投げかけた正確な理由は何か。ソフィストに批判的な人々が、議論と説得はスキルとして発達させられたり、そもそも教えられてはならないと考えた、ということではない。結局、アリストテレス自身が修辞学に関する最も影響力のある論考を書いたのだし、その論考中に、ゴルギアスから彼が学んだことを快く取り入れていた(「ゴルギアスが、相手の真面目さは冗談で、また冗談は真面目さで挫くだけにすべきだ、と言ったのも当を得ている」)。問いの両面を見る方法を弟子たちに教えること、これはソフィストたちの悪事の核心であるかのように彼らに対してよく持ち出された非難だが、それが不道徳だとは、プラトンとアリストテレスは真剣に考えることもできなかった。というのも、アリストテレス自身がある箇所で次のように言っているからだ。

弁論術は、……相反する主張のいずれについても説得できることが必要とされている……。だがそれは、相反することの両方を説得するということを目指しているのではなく(なぜなら、悪いことは説得すべきではないから)、事の真相がどうであるかを見落とすことのないためであり、また、他の誰かが議論の扱いを正しく行っていないときには、われわれが直接それに反論できることを目的としているのである。

また、プラトンとアリストテレスが指導的ソフィストたちは道徳心のない無価値な人々だと考えた、ということでもない。彼らのほとんどは、名を挙げて論じられる時、うやうやしく扱われたし、賞賛されさえした。奇妙なことに、「悪い」ソフィストたちはつねに、それが誰であれ、舞台でないどこかにいる無名の詐欺師であるようだし、プラトンの侮辱の矢面に直に曝されることは滅多にない。

こういうことになった主な理由は、真の攻撃動機が余りに深いところにあったのでプラトンはそれを明確に表現したり、それを主要なソフィストの誰かに公然と突きつけたりすることができなかったからだ。

この話には幾つかの要素がある。一つは一種の上流気取りだろう。プラトンは貴族だったが、（同じ貴族であるペリクレスと違って）民主主義の長所に懐疑的であり、ソフィストという職業がもつ平等主義的前提、すなわち、誰でも教師としてのソフィストに支払う金がありさえすれば、知恵と徳がある、統治に参加するのに適した者となされうるという主張におそらく反対した。ソクラテスの仲間の一人はソクラテスに、ソフィストたちは金を支払うどの客にもサービスを売る用意があるから、売春婦と同じだと言わせている。しかし、プラトンにはより個人的に苦痛なこともあった。彼の著作のほとんど（おそらくすべて）は、紀元前三九九年の彼の英雄ソクラテスの裁判と死の後に書かれた。この悲劇の間接的な責任はソフィストたちにあると、プラトンは考えたようだ。ソクラテスが一般に訴えられた理由となった罪状――特に、「弱論に強論を打ち負かさせ、他の人々に自分の例に倣うよう教えた」から若者たちをダメにしたという主張――は、プラトンの見解では、幾人かのソフィストの評判から誘発された。裁判でのソクラテスの主な告訴人はアニュトスという名の民主主義者だったが、彼はソフィストたちを極度に嫌っており、にもかかわらず彼らが正確には誰なのか、あるいは何なのかについてはよく分かっていなかったと、プラトンは述べている。裁判よりずっと前、比較的幸福な時期に設定された対話篇においてプラトンは、ソクラテスと友好的に話し合うアニュトスを示している。アニュトスは名を挙げずにソフィストたちに反対する熱弁をふるい始めたところだ。

ソクラテス　いったい、アニュトス、誰かソフィストたちのなかに、あなたに対して悪事をはたらいた者でもいるのかね？　そうでなければ、何をそんなに彼らに腹を立てているのだね？

アニュトス　ゼウスに誓って、私はこれまで彼らの誰ひとりとも、つきあったことさえないし、また、私に関係のあるほかの誰にも、そんなことをゆるしはしないだろう。

ソクラテス　するとあなたは、あの連中を実際にはぜんぜん知らないわけだね？

アニュトス　これからもそうありたいものだ。

平均的アテナイ人には、有名人ソクラテスのやり方と他の知識人たちのやり方との微妙な違いを区別するための時間がなかっただろう。その人は、ソクラテスから学びたい若者たちと座って論じる巧妙にも利口な男としてソクラテスについて聞いたことがあっただろう。すると平凡な人の眼にはソクラテスはソフィストの一人と見えて当然だったろう。プラトンの理解では、悪いソフィストたちにアテナイ人たちが下したはずの有罪判決は、ペリクレスとプロタゴラスが論じた厄介な槍のように、誤ってソクラテスの頭の上に落下したのだ。

多くのアテナイ人があらゆる種類の知識人たちを一緒くたにしたのは確かに本当だ。たとえばエウリピデスは、主に、その劇作品が不穏なまでに現代的だったから、ソフィストと見なされることがあった（彼は時に、奴隷を高貴に、英雄を有徳からほど遠く、描いた）。エウリピデスがそうした劇を書く手助けをソクラテスがしたという噂が広まったが、その根拠は薄弱であり、おそらく、両者とも幾分変わった個性的な人だと伝聞されていたからだ。そしてソクラテス自身が、アリストファネスの劇『雲』に登場し、抱腹絶倒なまでに愚かで不道徳で冒瀆的なソフィストとして示されている。その劇がアテナイで最初に上演されたのは紀元前四二三年だった。彼はまた幾つかの、同じように中傷的だったらしい、今は失われた他の喜劇にも登場した（それらの一つの現存する断片には「私はあの極貧の駄弁家ソクラテスが大嫌いだ」とある）。数年後の、プラトンによるソクラテス裁判の説明では、ソクラテスは自身に関する人々の間の誤解について不機嫌そうに述べている。「皆さんもこういったことを、ご自身でもアリストファネスの喜劇でご覧になっていますよね。そこでは、ソクラテスなる人物が宙づりで引っぱり回されながら、空中を闊歩すると豪語し、他にも多くの馬鹿馬鹿しいことをしゃべっているのです……。」「さあ、それでは、アテナイの皆さん、私は弁明し、あなた方が長い時間に身につけたこの中傷を、こんな短い時間で取り除くように、やってみなければなりません。」

アリストファネスは、初期科学者たちとソフィストたちとソクラテスと不道徳な嫌われ者との間にある微妙な陰影に富む違いで聴衆を悩ませたりしなかった。そうなれば、多くのアテナイ人にとって重要なことだった冗談が台無しになったろう。自然の科学的探求を行ったどの人も伝統的宗教を蝕み、それゆえ伝統的道徳を蝕みつつあった。同じく、伝統的道徳を探求したどの人も伝統的宗教を蝕みつつあったし、なおその上、おそらく雷とアトムについて大量のバカげた話をベラベラ話した。知識人たちはその点でみな同じだったし、彼らは自分たちに生じたことに値した。『雲』において「論理《ロジカル》・工場《ファクトリィ》」は怒れる市民(すなわち、以前に言及された、負債を抱えた農夫ストレプシアデス)により火をつけられ全焼する。現実では、二十四年後ソクラテスは、おそらく『雲』の聴衆だったろう人々から死刑判決を下された。

ソフィストたちが全員、アリストファネスの論理工場における詭弁工作機械工ほど悪くなかったにしても、現実の彼らの中には真に悪いタイプの者が数人は必ずやいたに違いない。しかも最も尊敬に値する教師たちでさえ、弟子たちの行為に責任を負うことはできなかった。ソクラテスの仲間であろうとした多くの若者たちの少なくとも一人は、後に人殺しの独裁者となった。ソクラテスが、「わたしは、正義に反しては、いままでけっしてだれにも何一つ譲歩したことはなく、とりわけ、私を中傷する人々が、私の弟子だ、と主張している者たちのだれに対しても譲歩したことはない、そんな男なのです」と抗議しても無駄だった。同僚や追随者たちを管理できないので、自分の名声を大事にするつもりならソフィスト業は就くには危険な商売だった。プラトンは諸問題によく気づいていた。

年端も行かぬ者たちがはじめて議論の仕方の味をおぼえると、面白半分にそれを濫用して、いつももっぱら反論のための反論に用い〔る〕。……こうして、みずから多くの人々を論駁するとともに、他方また多くの人々から論駁されているうちに、彼らは、以前信じていたものを何ひとつ信じなくなるという状態へと、はげしくまた急速に落ちこんで行く。そしてまさにこれらのことから、彼ら自身だけでなく哲学に関するすべてが、他の一般の人々から不信の目で見られることになるのだ。

一般には哲学の、個別にはソクラテスの評判を救うため、プラトンはソフィスト運動からソクラテスを引き離す必要があったが、彼がそうしたのは、彼らの間の違いを誇張することによってだった。ソクラテスは徳があり、ソフィストたちは不道徳、あるいは少なくとも有害だった。ソクラテスは真の知的探求を行ったが、ソフィストたちはそうしなかった。プラトンはプロタゴラスやゴルギアスのような人々が真剣だったことを認めていただろうけれども、彼らでさえ幾つかの点で間違っていたし、それゆえ彼らによる教育は究極的には悪いものだったと言ったのだろう。彼は彼らが述べたことの幾つかの弱みを示すことに成功したが、しかし彼らの強みには、また明らかに、主要なソフィストたちが彼自身と全く同じく真理を探求していたという事実には、盲目だった。彼らはただそれを別の所に求めていただけだ。

その職業の置かれた状況から予期できるように、ソフィストたちの多くは他の思想家たちよりも気取りのない取り組み方で知的問題に向かった。彼らは、見事だが説得力のない理論や無益な思索だと彼らが考えたものにはほとんど時間を使わなかった。世界が本当は、水の塊、数の群れ、火の勃発、諸元素のカクテル、諸アトムの嵐、のどれなのか、誰に判断できるのか。これら理論のどれも他のどれかより、論争の余地なしによくはなかったし、どれを選ぼうとも日常生活には何の違いももたらさなかった。日常生活そのものについて、多くの哲学者たちはその存在自体を否定するようではなかったか。過ぎ去る毎日の各々の出来事が否定しているのに、何事も変化しないという趣旨のパルメニデスの議論を誰が信じることができようか。アトミズムの哲学も同じくよくなかった。というのも、それもまた日常経験の世界を、「アトムと空虚」という根本的実在を覆い歪めるものとして退けたからだ。

明らかに、ソフィスト的な考え方の持ち主にとっては、学問の世界はどこかおかしくなっていた。理性、議論、言語そのものが乗っ取られたようであり、常識は持ち去られてしまった。ゴルギアスによる、うまくできた一節——議論の仮面をつけた謎《パズル》——が存在する。それはおそらく、すべてのことの不条理を示す試みだと理解するのが最もよい。それは三つのことを示すと主張する。第一は何もないこと、第二は、あるとしても人間には理解できないこと、第三は、たとえ理解できても、それは言表できないし隣人に伝えることもできないことである。

ゴルギアスが自身のパズルに幾分か困惑したということはありうる。もし困惑しなかったのなら、彼は確かにそうすべきだった。彼は、正確にはどこに虚偽推論があるかを説明できなかったのだろう。当時の批判的語彙は、そうできるほど洗練されていなかったからだ。しかし彼がこの論理的怪物を額面通りに受け取らなかったのは確かだ。彼は、日常世界を退けるほど愚かな哲学があまりに遠くまで進んでしまうことを示すことによって、そうした哲学すべてを困らせる意図を持っていたのかもしれない。あるいは、いかなるいわゆる「真理」も、どんなに見かけは確かであろうとも、彼のような熟達した修辞家によって侵食されうると示すつもりだったのかもしれない。あるいはまた、彼は自身と聴衆を楽しませたかっただけかもしれない。ギリシア人は言葉の難問《パズル》を楽しんだからだ。いずれにせよ要点は同じである。その難問が思い出させるのは、究極的真理について大概の哲学者が語り論じる仕方には何か疑わしいところがあるということだった。そうした話は明らかに、増大し殺到する全くの不条理となりうるのだ。

ゴルギアスの難問を詳しくたどる必要はないけれども、その修辞上の自己意識は注目に値する。コミュニケーションが扱われる第三部においてゴルギアスは、「言葉」と、「われわれの外に存在するもの」との間に鋭い対比を設ける。彼はそれら二つのものの間の溝に、そして世界についての人の見解を形成する言語の力に、気づいていた。彼は別の箇所で、「言葉の力は魂の状態に対し、薬の組成が身体の本性に対するのと同じ比例関係にある」と書いている。また「説得が言葉に加勢し、魂を望むがままに変形する」とも。ゴルギアスその他のソフィストたちが見るところ、以前の哲学者たちは、世界について無益で信じがたい見取り図《ピクチャー》を描くために言語を用いた。今やなすべきなのは、有益な世界像《ピクチャー》を描くことだった。

そうしたソフィストたちが欲したのは、日常経験を含む哲学だった。この欲望は、哲学のリング上の、プラトンと反対コーナーに彼らを置く。すでに見たようにプラトンの知識観は、オルフィック教とピュタゴラス主義の特徴を備えていた。彼と彼の知的祖先の多くとにとって、哲学の仕事は、日常経験の世界を超えて理性の浄められた真理への道を示すことだった。ソフィストたちは逆方向に進みたかった。彼らにとってなすべきことは、その厄介な複雑さのすべてにおける人間の経験を、人生への最善の導きとして復位させることだった。しかし、こう言うのは簡単だが、行うのは難しい。というのも、導きとなるべきなのは、誰の経験なのか。世界は異なる人々に、異なる相克する現れを提供する。様々な知覚というこの事実こそ、デモクリトスが、甘さと苦さ、熱と冷その他の主観的判断を単なる「規約《コンベンション》」として退け、代わりに客観的な「アトムと空虚」を措定した時に、答えようとした問題である。プロタゴラスはソフィストたちを代表してその問題に返答し、異なる、明らかに衝撃的な考えを示した。主観性を退ける代わりに、彼は積極的にそれを採用した。私が知覚するものは私にとって真であり、あなたが知覚するものはあなたにとって真である。経験の日常的世界について普遍的真理はないが、だからと言ってそこに何の真理もないわけではない、と彼は考えた。まったく逆であって、それどころか大量の真理が存在する。というのも、各人が知覚するものが、その人にとっての真理であるからだ。プロタゴラスの有名な「人間はあらゆるものの尺度である」という発言が意味したのは、こういうことだった。

この種の見解は相対主義として知られている。真理は、信じているそれぞれの人に相対的、あるいは、最近ではよりしばしば、信じている人々のそれぞれの集団や共同体に相対的だ、とその見解は考えるからだ。これは、知識を地上に引き下ろそうとする一方法だ。隠れていて見つけにくいのでなくて、真理は天からのマナのようにあたり一面にばらまかれていると考えられる。あらゆる人がその一小片を得る。プロタゴラスが相対主義を最初にはっきり述べ、幾人かのソフィストたちと、彼らの反対者たち（最も顕著なのはプラトン）との間で初めて詳しく論じられたようだ。それ以降、様々な形態の相対主義が時々、現れてきた。現代の相対主義の多くの推進力はカント（一七二四～一八〇四）にまで遡ることができるが、このことはカント自身を喜ばせはしないだろう。絶対的で普遍的な諸真理が存在すると彼は考えたけれども、そうした真理を説明する仕方ゆえに、偶然、相対主義への扉を開けたままにした。カントは、われわれの世界像の特徴の多くが人間精神によって課せられるし、すべての人間の精神は決定的に重要な点で同一だから、そうした真理があらゆる人にとって同一である、と論じた。後の思想家たちの多くは、真理が部分的に人間精神によって決定されるというカントの考えを保持したけれども、精神がすべて同様であるという彼の想定を除外した。その結果、相対主義が開花した。すなわち、世界の複数の描像《ピクチャーズ》はすべて、それを描く人々の概念装置を反映しており、どれも他のどれより真であることがない。

相対主義は様々な風味付きで登場し、広範囲にわたるのもあればそうでないのもある。道徳的価値が相対的であり、その結果、道徳的正邪は当該の社会や時代に依存する、と考える人々がいる。相対主義は道徳的価値に適用されない、あるいは道徳的価値にだけ適用されるのではなく、科学理論やおそらく「真理」すべてに適用される、と考える人々もいる。一般に、相対主義的思考の旋律《ストレイン》は今日、職業的哲学者の書くものの中によりも人類学者、社会学者、文芸批評家の著作の中に多く見られる。人間の考え《ビリーフ》と習慣の多様性についての基本的な知識はしばしば相対主義に共感するように励ますようだが、哲学者たちは、様々な形の相対主義の表面下にある混乱と逆説にずっと用心深い傾向がある。道徳的相対主義を例に取ろう。その一見単純な一ヴァージョンでは、何であれ各文化が信じることがその文化にとっては正しいのだから他文化の道徳を非難するのは間違いだ、となる。しかし、この見かけは害のない寛容な主張は実際は自己矛盾している。どの道徳的基準によって、他文化の道徳を非難するのが「間違い」であるのか。もしある文化が自らは他文化より道徳的に優れていると考えるならば、道徳的相対主義自体が、この文化が他文化を非難するのが正しいということを帰結する。

あらゆる形態の相対主義は、自らに適用されると破綻をきたす傾向があり、他に多くの難点と不明点をもつ。プラトンの対話篇『テアイテトス』の中でソクラテスは明敏にも、その問題の幾つかを明らかにした。そこではプロタゴラスの見解が論じられ展開され最終的に拒否されている。その対話篇のはじめでソクラテスは、人間は万物の尺度であるというプロタゴラスの言明を引用し、その意味は、任意の事物は「わたしにとってはわたしに現れるようにあるし、あなたにとってはあなたに現れるようにある」ということだと解釈する。こうしたことが理に適っていると聞こえるのに好都合な例として、ソクラテスは風を考察する。

「そもそも風は同じ風が吹いていても、僕たちのうちで、ある者は寒気を感じるが、他の者は感じないというようなことが、どうだね、時折あるのではないか。またそれを感じるのにも、ひどく感ずる者とそれほど感じない者とがあるのではないか。」このような場合、ある人についてそうであること（すなわち、その風が冷たいこと）は別の人にはそうでないということが、本当らしい。デモクリトスなら、その風は冷たくて冷たくないようだから、それ自体は本当はどちらでもないに違いない、と言っただろう。同じ相克する現れからプロタゴラスは、その風は両方であるに違いないと結論した。つまり、そうしたものが各人にどのように現れる、あるいは感じられるかについては各人が最終的権威(「尺度」)であり、だからそれについて各人が言うことが真である。

しかし、事物はそれが各人に、どんな仕方であれ、現れるようにあると言う際、プロタゴラスはすでに行き過ぎている。なぜなら、これではいかなる偽りの感覚もないことになるからだ。これは信じがたい主張であり、ソクラテスはすかさずこれに襲いかかる。

そうか、それでは、これの残っているだけのものはのこさずやってしまわねばなるまい。そしてその残っているというのは、夢と病とについてなのだ。そして後者のうちでは特に精神病と、それから(もっと一般的に)錯聴するとか錯視するとか、または何か他に錯覚するとか言われる限りのすべてのものがそうなのだ。すなわち、君はおわかりだろうと思うが、これらのどれをとってみても、ちょうどわれわれはこれらの中において虚偽の感覚というものを他のどの場合よりも多くもつようになるかのごとく考えられるからして、今しがたわれわれが通過して来た言論というものは異議なく論破されるように思われるのだ。すなわちここでは、各人に現われているそのものがまたありもするなどという沙汰ではなく、むしろまるで逆に、現われているもののうち何ひとつだってあり(ヽ)はしないと思われるのである。

ええ、おっしゃることは至極本当です、ソクラテス。

ほう、すると、どうだね、……「各人に現われているそのものは、それが現われているその人にとって、またありもする」と主張している側の者には、一体どんな言い分が残されているのかね。

……精神病の人や夢を見ている人たちの思いなすことが、その一方の者は自分を神であると思い、他方の者は、自分には翼があって、自分は飛行しているのだと夢の中で考えていたりする場合にも、これは虚偽ではないのだという異論を立てることは、真実、なかなかもってできそうもありません。

血の匂いを察知してソクラテスはさらに素早く進む。たとえもしプロタゴラスが、比較的劇的でない錯覚の事例すべてについては言うまでもなく、狂人と夢を見る人のためにある種の特別な言い分を述べることができるとしても、もし相対主義が真ならば、彼は自身から仕事を取り去るように論じたことになる、という反論に対して彼は何を言うことができるのか。ソクラテスが別の機会に述べるとおりだ。

もしプロタゴラスの語ったことが真実であり、真理はこれ、すなわち、事物は各人にそうだと思えるとおりに、有るのでもあるということ、ならば、われわれのうちのある者が思慮ある者で、ある者は無思慮であるということが、可能だろうか。……なぜなら、もしも各人に思えることが各人にとって真であるならば、ある人が別の人よりも思慮があるということは、真実には全然ありえないことになるだろうからね。

言いかえると、知恵が存在しないのにプロタゴラスはいかにしてそれを教えることができるのか。ソクラテスはプロタゴラスに対して公正でありたいので、プロタゴラスなら反論にどう答えるかを指摘する。この答えが、ソフィスト的思考と実践の核心へと導く。ソクラテスはプロタゴラスが、賢明なソフィストは、弟子がすでにもっている考えよりも何らかの意味でより真であるような考えを教えることを申し出はしない——もしプロタゴラス版の相対主義が正しければ、そんなことは確かに不可能だろう——と返答する、と思い描く。むしろ彼が教えることを申し出るのは、より有用であるという意味でよりよいような考えなのだ。ソフィストは、人々の胃の代わりに精神を治療し、他の人々にもそのようにするよう教える医者に似ている。他の思考より幾つかの思考をもつ方が有用で心地よいのであり、ソフィストが生み出すと申し出るのはそうした思考なのだ。

十九世紀末、自らをプラグマティストと呼ぶアメリカの哲学者集団が、考え〔信念〕に関する重要事はその考えの一般的有用性と生活における考えの果たす役割とであるという考えを発展させようとした。指導的プラグマティストであるウィリアム・ジェイムズ（ヘンリー・ジェイムズの兄）は、ソクラテスがプロタゴラスに言わせた言葉を著しく思い起こさせる仕方で、それを表現した。真理は相対的だという結論をジェイムズは引き出さなかったとはいえ、真理を評価するもっとも実り多い方法は、広い意味での有用性によるものだと、彼は考えた。

真なるものとは、信念の点で、善であることが証拠立てられるものならば何であれそのものに付与される名前である。この現実の世界において、ある食物がわれわれの味覚に風味がよいばかりでなく、われわれの歯や胃や身体の組織にもよきものであるのと同じように、ある観念はそれを考えることが快いとか、われわれのこの他の諸観念を支持してくれるから快いというばかりでなく、また人生の実際的な苦闘において助けになるものである。もしわれわれがそう生きるに越したことはないようなよき生活というものがあるとすれば、そしてもしそれを信じるとそういう生活を送るのに役立ってくれるというような観念があるとしたならば、その観念を信じるということは、その信念がたまたま他のいっそう大きい、われわれの死活を決するような利害と衝突するような場合を除いては、まことにわれわれにとってよりよいであろう。

そうしたプラグマティックな説明が、少なくとも表面上はもっとも本当らしく成立するようなのは、実践的な人間的問題すなわち政治と道徳に明白に関わる場合である。ソクラテスは、プロタゴラスがこのテーマについて自らをどのように説明し守るかの説明を続ける。

知恵のある卓越した弁論家というものは、国家にとって、不得策（拙劣）なものが〔法律上〕正当であると思われることなく、良好有益なるものが正当と思われるようになす者なのである。それというのは、とにかくいかようなものであっても、おのおのの国家に、正当である、美風であると思われているものは、その国家がそれをそうであると認めている限り、その国家にとってそうありもするのであるが、しかしこの方面にも知者があって、それは国民にとってそれぞれ劣悪であるところのものの代わりに、良好有益なるものが〔正当なるものとして、また美風として〕ありかつ思われるようになしたのである。そして同じ訳合《わけあい》で、ソピステスもまた、被教育者をそういうふうに教導することができるから、一個の知者なのであって、教育を授けられた者たちからすれば、多額の金銭を提供するだけの値打ちのある者なのである。そして、かくのごとくにして、人と人との間には知恵の優劣というものが存するのではあるが、しかし虚偽を思いなすという者はひとりもないのである。だからして君も、一個の尺度であるということには変りはないのだが、これは、欲すると欲せざるとにかかわらず、がまんしてもらわねばならんのだ。なぜなら、その「人が万物の尺度だ」という説は、以上でもって首尾よく救われることになるからね。

ソフィストは、共同体内で正しい見解として受け入れられた、有益なまたは「健全な（sound）」見解を手に入れるために弁論術の力を用いなければならない。それゆえ、このヴァージョンのプロタゴラス説は、ある物事には適用されるが別の物事にはそうでないと考えられているようだ。それが適用されるのは正義と道徳的正しさとであり（「とにかくいかようなものであっても、おのおのの国家に、正当である、美風であると思われているものは、その国家がそれをそうであると認めている限り、その国家にとってそうありもするのである」）、適用されないのは究極的に有益あるいは有用であるものである（というのも、国家〔社会、共同体〕の見解が「彼らにとって不健全な」時もあるから）。それはちょうど、病気の人とその食物のようなものだ。すなわち、各人は食物が自分にはどんな味がするかについて正しいが、にもかかわらずその人の感覚は、もし仮に異なっていたらその人にとってよりよかっただろうという意味で、「健全でない」かもしれないのだ。いずれにせよ、プロタゴラスが述べているとソクラテスが考えるのは、このことである。

相対主義の主張の扱う対象が、各個人から「任意の特定の国家」に密かに変化していることに注意しよう。今や、各人にとって正しいのは、各人が正義について考えることではない。むしろ、各国家や共同体にとって正しいのは、各国家や共同体が正義について考えることである。集団が道徳的政治的実践を保持し続けるかぎり、その実践において間違いえないのは集団であって、個人ではない。この動きは相対主義に特有な、以下のようなさらなる問題へとつながる。すなわち、相対主義を守る資格を得るに十分なだけ大きな共同体を作るには何人の人が必要か。また、統一された共同体として見なされるために、それらの人々はどれだけのことについて同意しなければならないのか。たった一人だけ、あるいはほんの少数者が共通の見解を持たない場合はどうなるのか。もしそうした反体制派が、相対主義が主張するとおり、多数者は何がよいか悪いかについて間違っていると述べるなら、反体制派はつねに哲学的誤解の罪があるに過ぎないのか。あるいは、彼ら自身がミニ共同体と見なされ、相対主義による、知的収入の気前のよい再分配の下、保証された真理の割り当ての権利をもつのか。

事実はと言えば、ほとんどの人々は正義と道徳的価値に関する論争に対して厳密に相対主義的な態度を取らないようだし、ましてや相対主義が真であると想定される他の主題すべてについてもそうしない。もし仮にそうするとしたら、真の論争は存在しなくなるだろう。そして、次のようにソクラテスが示すとおり、この事実そのものが相対主義にとって問題なのだ。彼は、自身を含め多くの人々が、各人あるいは各社会があらゆることの尺度であることに同意しない、と指摘する。万人にとって真である真理がまさに存在する、と多くの人々は考える。そして相対主義そのものに従うと、彼らがこう考えるのが正しくなければならない。なぜなら、（おそらく有益なことに関する考えを除けば）自分が考えることについて誰も間違わないと、相対主義は主張するからだ。相対主義はせいぜい、それを信じる人にとってのみ真であるということになる。それはプロタゴラスには真であるが、しかしソクラテスには真でなく、こうしてプロタゴラスは、ソクラテスがそれを否定するのが間違いだとは言うことができない。実際、もし多数意見が真理の基準なら、ほとんどの人々がそれに同意しないのだから、プロタゴラスは自分の説が虚偽であることを認めなければならないだろう。ソクラテスの手助けによって、こうしてプロタゴラスは自ら苦境に立ってしまった。

けれども、以上はすべて架空の話であることを思い出そう。実在のプロタゴラスはプラトンの『テアイテトス』が書かれた時よりずっと前に死んでいたし、以上の批判に彼がどう返答しただろうか確実なことは言えない。その上、われわれが扱っているのは、かつては活発だった知的運動である。そうしたものは、誰か他の人にそれの息の根を止める論理的手段があるらしいという理由だけであっさり横になって死んだりしない。ソクラテスの論駁に直面してプロタゴラスは、ゴルギアスのパズルによって慰めを得たかもしれない。というのも、あのパズルによれば――当時の誰かに言える限り――利口な哲学者なら何であれ心を向けたものを論駁できることになっていなかったか。そうした論駁は無視して前進するのがよいのだ。

人間は万物の尺度であるというプロタゴラスの考え、そして実にソフィストのプラグマティックで相対主義的な見解のすべては、ある程度、実際の問題への実際的な反応だった。ギリシア人は道徳的考え・習慣の多様性にますます気づいてきた。ソフィストたちはふつう旅慣れていたので、多様性に特になじみがあっただろう。この道徳的多様性は、感覚・知覚と関連してデモクリトスとプロタゴラスが注意を払ったような相克する現れの問題を提示した。ちょうど同じ風がある人に不快なほど冷たいと思われるのに、他の人には爽快と思われるにすぎないように、ギリシア人には死者を焼くという考えは完全に立派に思われるのに、外国人には道徳的に嫌悪感を催させるかもしれない。歴史家ヘロドトスは、まさにそうした道徳的現れの相克に言及してから、次のように述べている。「実際どこの国の人間にでも、世界中の慣習の中から最も良いものを選べといえば、熟慮の末誰もが自国の慣習を選ぶに相違ない。このようにどこの国の人間でも自国の慣習を格段に優れたものと考えているのである。」このように表現されると、どの国家も「最善の習慣」を実際もたないと考えることより理に適い賢明なことはないようだ。「各人にとってその人自身のものが」は、ものわかりのよい哲学だった。

以上は、ソフィストたちが検討した興味深い問いを提起する。道徳的・政治的考えはそもそもどのようにして変化することになったのか。ソフィストたちは自然と人間的取り決めの対比を設けることで答えた。人間の習慣、実践、道徳的考えは自然によって決定されなかった(し、神々によっても決定されなかった。神々は一般に自然の一部と考えられていた)。それらは、局地的状況と各共同体に最もよく適したものとに応じて、自由に発展した。したがってソフィストたちは、デモクリトスに帰せられた物語とよく似た、社会の起源に関する説明を持っていた。法的・道徳的システムは文明の維持のため発達した。そうしたシステムの諸規則は、必ず守らねばならない互恵的な社会契約として共同体の成員に受け入れられた。その社会契約は、十七、十八世紀に多く論じられる（最も有名なのはロックとルソー）ことになる類のものだ。指導的ソフィストの一人アンティポンが述べるように、「法の掟は人為的なものであるが、自然の掟は必然的」である。「そして法の掟は同意によるものであって、自然に生じたものでは」ない。

ソフィストの観点からは、自由に受け入れられた人間の法は、このように不壊の自然の法とまったく別物である。それらはまったく異なっている。自然の要求と人間の法の要求が衝突する時もある。事実、アンティポンは「法的な正しさの多くは自然とは敵対関係にある」と述べるところまで進む。もし人が自然の指示に従うならば、何であれ繁栄するのに役立つことを行い、一般にもっとも有利だろう、と彼は論じる。そうしても罰を受けないとするなら、これは、その人の観点から、それゆえ自然の観点から、ずっと望ましいはずだ。しかし、法は共同体全体の利益のため自己利益をたびたび抑制する。このやり方その他の仕方で「法は、人の世を支配する専制君主であって、多くの反自然的なことを強制する」、とプラトンの対話篇の一つの中でソフィストのヒッピアスが述べるとおりだ。

アンティポンは、たとえ人が完璧に有徳であり、他者に対し不正に優位に立とうとしないとしても、法に従って行為することはその人の最善の利益に反することになる可能性がある、という論点を指摘する。というのも、ある人が誰かから不当な扱いを受けるが、違法な復讐や賠償を求める代わりに、法を信頼するとしてみよう。違法者が逮捕されないかもしれない。そしてもし逮捕されるとしても

もしその件が裁判にかけられるなら、被害者は、加害者同様、有利でない。というのも、被害者は裁判官たちに、自分が危害を受けたことを確信させなければならず、そして申し立てにより、正義を引き出さねばならないからだ。そして、加害者にはそれを否定することができる。というのも、彼は告発に対して弁護できるし、裁判官たちを説得することについて、告発者がもつのと同じ見込みをもっているからだ。というのも、勝利は最善の話し手のものになるからである。

この最後の文は事実上ソフィストたちのモットーである。「勝利は最善の話し手のものになる」という考えは、必ずしも、ソフィストの敵対するプラトンその他の者たちが時に信じさせようとするとおりにシニカルに、もしくは道徳観念なしに、論争におけるごまかしへの励ましであるわけではない。それは法廷の働き方についての単なる事実言明としても理解できる。勝利が本当に、誰であれ最も説得力のある言い分を述べることのできる人（またはそうすることのできる他の誰かを雇える人）のものだとすれば、ソフィストたちの技術は明らかに善、真理、正義のための力でありうる。責任をもって用いられるなら、その技術はいかなる法システムにも見られる不完全さを是正する助けとなりうる。

道徳は人間的規約《ヒューマンコンベンション》にすぎないというソフィストの思想をどのように考えるにせよ、任意の共同体において現実に適用されている正義の手続きがあまりに人間的で不完全であることは否定できない。

　ソフィストは、無罪の人を告発し有罪の人を弁護するためだけでなく、その逆のためにも自らの技術を用いることができる。彼は、共同体の見解を批判し洗練することにより改善する手助けもできる。幾人かのソフィストがその力を不道徳的に用いたことに疑いはないが、しかしこれらの始末の悪い奴らが邪悪さを独占することはほとんどできない。ソフィストたちが独占しないにせよ専門としたのは道徳的・政治的議論だったし、彼らが訴訟に勝つことと他の人々に訴訟に勝つことを教えることとで満足せず、道徳のまさに基礎を熟考したという事実は、彼らの業績となる。

　当然、そうした熟考は反体制運動とほとんど変わらなくなる時もあった。自然と慣習《コンベンション》との対立について彼らが提起した問いは不愉快な、もしくは衝撃的な思考を呼び込んだ。正義は弱者の保護のためにだけ存在するのか、そして強者は可能なら正義を遠慮なく無視すべきなのか。この問いにプラトンはたびたび取り組んだ。ソフィストたちがパンドラの箱を開けたと保守的なアテナイ人たちが感じたとき、彼らは正しかった。だが、箱は開けられなければならなかった。問いを尋ねさえしないなら、その問いに答えることはできない。たとえばプラトンは後に、自然概念と慣習概念の再婚の手はずを整える試みによって、彼がより確かな足場と考えるものの上に道徳を置こうとした。この話題はいずれ見ることになる。もしソフィストたちがプラトンを不安にさせなかったなら、彼はそうしようと気を揉まなかったかもしれなかった。それに、最善のソフィストたちは反体制的な新しい考えを広めたというよりも、伝統的道徳に内在する緊張を表面化させたことは、プラトンでさえ認めなければならなかった。伝統的道徳が神々の望みと推定されたものに従うことにある限り、それは実は自己利益の一形式に基づくこと、このことはヘシオドス――教育において、彼の著作はホメロスの著作とともによく知られた中心的な教材だった――においてすでに明らかだった。悪をなす人々は、ゼウスが罰を保証するから、苦しむことになる。だが仮にもしゼウスがそのように道徳を遵守させることに失敗するならば、道徳的であることには何のポイントもなくなるだろう。ヘシオドスの言うとおりだ。

あらゆるものを見、あらゆるものを知るゼウスの眼は
その気にさえなれば、今のこのありさまを御覧なされようし、
今この国に行われているかかる裁きが、どのようなものか、見落とされることもない。
そこでわしが思うには、この世で正しい人間ではありたくない、
自分ばかりではない息子についてもそう思うのだが、不正な人間が裁判で得をするようなら、
正しい人間であることは善いことではないからじゃ。
とはいえ、明知のゼウスがさようなことにはなさるまい、とわしは思う。

ゼウスへの信頼は、道徳の危うい基礎だった。ソフィストたちが、現行の正義概念を徹底的に点検したのは正しかった。

ソフィストの教育スタイルは当然、幾人かを困らせるような懐疑的な開かれた心を勧めたし、アリストファネスのイライラとした敵対的嘲りを招いた。というのも、議論技術を実践し、教えることによりソフィストたちは、道徳と政治と教育を含む様々な見解に賛成・反対するために与えることのできる理由の探求に、否応なく関与したからだ。合理主義者が画策し始めるや否や、ソフィストの法廷においてへまをするいかなる伝統的考えにも、不愉快な終わりが予期できた。このことによって、ソフィストたちは初期自然哲学者たちの兄弟となる。前者は後者の外見上無意味な思索を大いにけなしたけれども、両者とも懐疑的自然主義者なのだ。つまり彼らは、習慣や伝統や宗教をもっぱら根拠として受け入れられていた神話的説明と考えを拒む傾向があった。自然主義者《ピュシキ》たちは、神々によって世界を説明する試みを不審の目で見て、代わりに物事がそうあるのはなぜかの自然的理由を探索した。ソフィストたちも同じく、宗教が関連することに懐疑的だった。宗教は結局、合理的に論じるのがかなり難しかった。プロタゴラスが言うとおりだ。「神々については、存在するとも存在しないとも、またいかなる姿形をしたものであるかも、わたしは知りえない。それを知るのには妨げとなることが多い——事柄が不明瞭である上に、人間の生命は短い——からである。」ソフィストたちは道徳的見解のために提供しうる理由を知ることを要求したし、何を探求している場合でも、一般に自然主義的な考え方を示した。

彼らを知的に活気づけたことは他の人々の心を乱したはずだ。ゴルギアスのような創意に満ち強力な議論の供給者が周囲にいた時は特にそうだっただろう。ゴルギアスのような知的武器商人が身近にいるのは、何か不安にさせるところがあったに違いない。『雲』の笑いで人々が反撃したのは、驚きでない。またアリストファネスがソクラテスにずば抜けたソフィストの役を振り当てたことも、驚きでない。なぜならソクラテスはアテナイで最も有名な論者だったからだ。アリストファネスは確かに、ソクラテスの不当な風刺画を提示した。しかし同じくプラトンも、ソクラテスを擁護する中で、確かにソフィストたちの風刺画を描いた。真のソフィストたちを記述した後には、真のソクラテスを見る時だ。

訳者あとがき

本書は、W. W. Norton & Company から二〇〇〇年に出版されたANTHONY GOTTLIEB, *The Dream of Reason*, PART ONE（アンソニー・ゴットリーブ『理性の夢』第一部）の翻訳である（二〇一六年に第二版が出版されたが、本書は第一版の翻訳である。ただし、第二版との違いは本書（第一部）に関してはほとんどない）。中世までの西洋哲学史を扱う原書の全体は三部構成となっている。本書『理性の夢 I』として翻訳した第一部で紹介されるのは、「ソクラテス以前の哲学者たち」と呼ばれる、最初の哲学者たちである。第一部のタイトルは「諸原型」である。その後の哲学者の原型のパターンがソクラテス以前の哲学者たちでほぼ出揃う、すなわちソクラテス以前の哲学者までで哲学史のサイクルは一回りした、と考えることができるので、よいタイトルだと思う。

本書の著者アンソニー・ゴットリーブは一九五六年生まれのイギリスの著作家であり、以前は政治経済紙 The Economist の編集長だった。二〇一七年からオックスフォード大学オール・ソウルズ・カレッジの Two-Year Fellow である。たとえば[https://en.wikipedia.org/wiki/Anthony_Gottlieb?wprov=sfti1]でさらに著者について知ることができる。

本書について詳しい解説は続く『理性の夢 II』で行いたいが、書評等を参考にして本書の魅力を述べる。読者は本書を読んで楽しく爽快な気分になるとともに、有益な知識を得たことを実感できる。ウィットと学識、溌剌としたユーモアがある散文の達人ゴットリーブは、着実なペースと余裕ある書き方で、読者を古代ギリシア世界に連れて行く。人を惹きつける、見事な書き方がなされており、読者は喜び、慰め、霊感までを得ることができる。説明が行き届いているため驚くほど明解である。その理由の一端は、過去の業績に対する尊敬の念に満ちていることであり、十分な研究の裏付けがある。全体としてギリシア思想史を知るために最適の、生き生きとした著作となっている。

訳　者

《著者紹介》
アンソニー・ゴットリーブ
訳者あとがき参照

《訳者紹介》
坂本知宏（さかもと　ともひろ）
1993年　神戸大学大学院文化学研究科単位取得
現　在　大阪電気通信大学准教授

主要訳書
ジョナサン・ウルフ『政治哲学入門』（晃洋書房，2000年）
サイモン・ブラックバーン『ビーイング・グッド：倫理学入門』（晃洋書房，2003年）
ナイジェル・ウォーバートン『思考の道具箱』（晃洋書房，2006年）

理性の夢 I

2019年7月10日　初版第1刷発行
2024年4月15日　初版第2刷発行

＊定価はカバーに表示してあります

著　者　アンソニー・ゴットリーブ
訳　者　坂本知宏
発行者　萩原淳平
印刷者　西井幾雄

発行所　株式会社　晃洋書房
〒615-0026　京都市右京区西院北矢掛町7番地
電話　075(312)0788番(代)
振替口座　01040-6-32280

装丁　尾崎閑也　　印刷・製本　㈱NPCコーポレーション
ISBN 978-4-7710-2960-6

註

頻繁に引用される翻訳の略号

ATH: *The Art and Thought of Heraclitus*, edited and translated by C. H. Kahn, Cambridge University Press, 1979.

CDP: *The Collected Dialogues of Plato*, edited by Edith Hamilton and Huntington Cairns, Princeton University Press, 1963.（プラトン全集，岩波書店）.

CWA: T*he Complete Works of Aristotle*, edited by Jonathan Barnes, Princeton University Press, 1984.（アリストテレス全集，岩波書店）.

KRS: *The Presocratic Philosophers*, edited and translated by G. S Kirk, J. E. Raven and M. Schofield, Cambridge University Press, 2nd edition, 1983.（『ソクラテス以前の哲学者たち』内山勝利他訳，京都大学学術出版会，2006）.

LOP: *Lives of the Philosophers*, by Diogenes Laertius, translated by R. D. Hicks, Loeb Classical Library, 1972.（『ギリシア哲学者列伝』（上）（中）（下），加来彰俊訳，岩波書店（岩波文庫），1984）.

ソクラテス以前の断片への言及は，H. Diels, *Die Fragmente der Vorsokratiker*, 6th edition（H・ディールス『ソクラテス以前哲学者断片集』内山勝利他訳，岩波書店，1997）の標準的な断片番号による（ただし，ヘラクレイトスの場合はATHの番号を用いる）. プラトンとアリストテレスの著作への言及は，それぞれ，ステパヌス版とベッカー版の標準的頁数によっており，CDPまたはCWAの頁数が続く.〔邦訳を参照した場合は，邦訳の頁数を示す〕.

1　諸原型：ミレトス派

3～4頁　「はやすでに六十と七年になりぬ，…」ディオゲネス・ラエルティオス『ギリシア哲学者列伝（下）』第9巻第2章，p.105.

4頁　ニーチェ：Nietzsche: *Philosophy in the Tragic Age of the Greeks*, trans. Marianne Cowan, Gateway Editions, 1962, p.31.

9頁　「大地は木や他の何か…」アリストテレス『天界について』山田道夫訳，全集5，p.126，294a28（CWA, p.484）.

11頁　「また，こんな話も伝えられている…」ディオゲネス・ラエルティオ

ス『ギリシア哲学者列伝（上）』p.37.

13頁　「時の裁定に従って…」Simplicius, *On Aristotle's Physics*, 24, 13に引用されている.（KRS, p.107，邦訳，p.142).

14頁　「温，冷，湿，乾…」Milton, *Paradise Lost*, II, 898.

16頁　「すなわち中心に据えられ…」アリストテレス『天界について』P.131, 295b10（KRS, p.133).

22頁　「天体は, 他の人々の…」Hippolytus, *Refutatio Omnium Haeresium*, I, 7, 6（KRS, p.154，邦訳，p.201).

23頁　「よしそれなら，いったい稲妻は何ですかい．…」アリストファネス『雲』403行以下『ギリシア喜劇 I』田中美知太郎ほか訳，筑摩書房（ちくま文庫).

24頁　「轟音とどろかす大地を震わす神」ヘシオドス『神統記』441行 廣川洋一訳，岩波書店（岩波文庫).

24頁　「大地がびしょぬれにされ…」Aristotle, *Meteorology*, 365b6（KRS, p.158，邦訳p.205).

26頁　「神聖病と呼ばれる本病も…」ヒッポクラテス「神聖病について」『世界の名著 9　ギリシアの科学』大橋博司訳, 中央公論社（中公バックス).

28頁　ヘロドトス『歴史』第 6 巻98, 松平千秋訳, 岩波書店（岩波文庫（中)), p.255.

29頁　「世界で働くのが見られるいかなる力も，…」G. M. A. Grube, *Plato's Thought*, Methuen, 1935, p.150.

30頁　「人間に独自な言葉は，…」アリストテレス『政治学』牛田徳子訳，京都大学学術出版会，p.10，1253a14（CWA, p.1988).

2　世界の調和：ピュタゴラス派

31～32頁　「野生の鳥類に関するピュタゴラスの見解は…」シェイクスピア『十二夜』小津次郎訳，岩波書店（岩波文庫)，p.110.

32頁　「魂の輪廻と豆を食べることの罪…」Bertrand Russell, *History of Western Philosophy*, Allen & Unwin, 1961, p.29.

32頁　「かつて生きた中で知的に最も重要な…」*ibid.*, p.49.

33～34頁　「彼は，（食べものの中では）何よりも…」ディオゲネス・ラエルティオス『ギリシア哲学者列伝』加来彰俊訳，岩波書店（岩波文庫（下))，pp.27-28.

35頁　「豆を控えることに意味があるとし，…」J. Burnet, *Early Greek*

Philosophy, 1892, p.98.

36頁 「多くの点で従った」アリストテレス『形而上学』岩波書店（岩波文庫（上）），p.46，987a30（CWA, p.1561）.

39頁 「さあせいぜい得意になって…」エウリピデス『ヒッポリュトス』952行.

39頁 「すべての人間に抜きんでて…」ヘラクレイトス，断片129.『ソクラテス以前哲学者断片集』第1分冊，p.348. fragment XXV in ATH.

40～41頁 「レオンは…ピュタゴラスに…」Cicero, *Tusculan Disputations*, V, 3, 8.（Loeb Classical Library Edition, trans. J.E.King, p.433）.

41頁 「ここで私は，私の言いたいことを…」Proclus, *In Euclidem*（quoted in Sir Thomas Hearth, *A History of Greek Mathematics*, Dover Publications, 1981,p.141）.

42頁 「じっさい，アデイマントス…」プラトン『国家』藤沢令夫訳，岩波書店（岩波文庫（下）），p.59，500c（CDP, p.735）.

43頁 「何よりも，哲学の観照する宇宙が…」Bertand Russell, *The Problems of Philosophy*, Oxford, 1912, p.94.

43～44頁 「学への愛と…」プラトン『ティマイオス』種山恭子訳，岩波全集12，p.174，90b（CDP, p.1209）.

44頁 「宇宙の無限性を通じて…」Bertand Russell, *op.sit.*, p.92.

47頁 「自然を数から作り出す…」アリストテレス『天界について』p.148, 300a15（CWA, p.492）.

49～50頁 「太古の人たちは…」プラトン『ピレボス』田中美知太郎訳，岩波全集4，p.182，16c（CDP, p.1092）.

52頁 「経験的研究に哲学者が従事した証拠…」G. E. R. Lloyd, *Magic, Reason and Experience*, Cambridge, 1979, p.146.

53頁 「さ，おすわり，ジェシカ．…」シェイクスピア『ベニスの商人』安西徹雄訳，光文社（光文社古典新訳文庫），p.178.

54頁 「したがってちょうど鍛冶屋には…」アリストテレス『天界について』109頁，290b27（CWA, p.479）.

54～55頁 「さて以上の説は，…」アリストテレス『天界について』110頁，290b30（CWA, p.479）.

57頁 「彼らはこの研究を…」アリストテレス『形而上学』岩波書店（岩波文庫（上）），p.40，985b24（CWA, p.1559）

58頁 「神学者たちは神とか…」Bertrand Russell, *History of Western Philosophy*, p.56.

58〜59頁 「彼らの家の建て方は…」Jonathan Swift, *Gulliver's Travels* (1726), III, 2.

60頁 「知性が感覚より優れているという感じ」Bertrand Russell, *My Philosophical Development*, Allen & Unwin, 1969, p.158.

3　自分を探求した人：ヘラクレイトス

61頁 「わたしに理解できたところは…」ディオゲネス・ラエルティウス『ギリシア哲学者列伝』加来彰俊訳，岩波書店（岩波文庫（上）），p.135.

61頁 「われわれが目覚めたとき…」Fr.LXXXIX in ATH.『ソクラテス以前哲学者断片集』第Ⅰ分冊，ヘラクレイトス断片21，P.315.

62頁 「人の生涯は…」Fr.XCIV in ATH.『ソクラテス以前哲学者断片集』第Ⅰ分冊，ヘラクレイトス断片52，P.324.

62頁 「このテキストのうちに…」Charles Kahn in ATH, p.26.

62頁 「自然本性は隠れることを好む」Fr.X in ATH.『ソクラテス以前哲学者断片集』第Ⅰ分冊，ヘラクレイトス断片123，p.344.

63頁 「いかさま（いかさま師）の元祖」Fr. XXVI in ATH.『ソクラテス以前哲学者断片集』第Ⅰ分冊，ヘラクレイトス断片81，p.333.

63頁 「語りもせずに隠しもせずに…」Fr.XXXIII in ATH.『ソクラテス以前哲学者断片集』第Ⅰ分冊，ヘラクレイトス断片93，p.336.

64頁 「わたしは自分自身を探求した」Fr.XXVIII in ATH.『ソクラテス以前哲学者断片集』第Ⅰ分冊，ヘラクレイトス断片101，p.338.

64頁 「魂の限界は…」Fr.XXXV in ATH.『ソクラテス以前哲学者断片集』第Ⅰ分冊，ヘラクレイトス断片45，p.321.

64頁 「性格がその人に…」Fr.CXIV in ATH.『ソクラテス以前哲学者断片集』第Ⅰ分冊，ヘラクレイトス断片119，p.343.

65頁 「見えるもの，聞こえるもの…」Fr.XIV in ATH.『ソクラテス以前哲学者断片集』第Ⅰ分冊，ヘラクレイトス断片55，p.325.

65頁 「知られていない事柄」Fr. XII in ATH.『ソクラテス以前哲学者断片集』第Ⅰ分冊，ヘラクレイトスA断片，p.308.

65頁 「ピュタゴラスは……自分のものとしての…」Fr.XXV in ATH.『ソクラテス以前哲学者断片集』第Ⅰ分冊，ヘラクレイトス断片129，p.348.

65頁 「明々白々なものを知るのに…」Fr.XXII in ATH.『ソクラテス以前哲学者断片集』第Ⅰ分冊，ヘラクレイトス断片56，p.325.

65頁 「理〔ロゴス〕は，ここに示されているのに…」Fr.I in ATH.『ソク

ラテス以前哲学者断片集』第Ⅰ分冊，ヘラクレイトス断片１，p.308.

66頁 「万事は争いと必然に従って生ずる」Fr.LXXXII in ATH.『ソクラテス以前哲学者断片集』第Ⅰ分冊，ヘラクレイトス断片80，p.332.

66頁 「万物は一である」Fr. XXXVI in ATH.『ソクラテス以前哲学者断片集』第Ⅰ分冊，ヘラクレイトス断片50，p.323.

66頁 「攪拌飲料も…」Fr. LXXVII in ATH.『ソクラテス以前哲学者断片集』第Ⅰ分冊，ヘラクレイトス断片125，p.345.

67頁 「同じ川に足を踏み入れようとしても…」Fr.L in ATH.『ソクラテス以前哲学者断片集』第Ⅰ分冊，ヘラクレイトス断片12，p.312.

67頁 「戦争はすべてのものの父であり…」Fr.LXXXIII in ATH.『ソクラテス以前哲学者断片集』第Ⅰ分冊，ヘラクレイトス断片53，p.324.

67～68頁 「ヘラクレイトスは，神々のもとからも…」Fr.LXXXI in ATH.『ソクラテス以前哲学者断片集』第Ⅰ分冊，ヘラクレイトスA断片22，p.307.

68頁 「火の死は空気の生誕であり…」Fr.XLI in ATH.『ソクラテス以前哲学者断片集』第Ⅰ分冊，ヘラクレイトス断片76，p.331.

69頁 「いつも生きている火として…」Fr.XXXVII in ATH.『ソクラテス以前哲学者断片集』第Ⅰ分冊，ヘラクレイトス断片30，p.317.

69頁 「万物は火と引き換えであり，…」Fr.XL in ATH.『ソクラテス以前哲学者断片集』第Ⅰ分冊，ヘラクレイトス断片90，p.335.

70頁 「冷たいものが熱くなり…」Fr.XLIC in ATH.『ソクラテス以前哲学者断片集』第Ⅰ分冊，ヘラクレイトス断片126，p.346.

70頁 「魂にとって水となることは…」Fr.CII in ATH.『ソクラテス以前哲学者断片集』第Ⅰ分冊，ヘラクレイトス断片36，p.319.

71頁 「両者は一つなのである」Fr.XIX in ATH.『ソクラテス以前哲学者断片集』第Ⅰ分冊，ヘラクレイトス断片57，p.326.

71頁 フラン・オブライエン：Flann O'Brien, *The Third Policeman*, MacGibbon and Kee Ltd, 1967, chapter 8.

71頁 「上り道と下り道は…」Fr. CIII in ATH.『ソクラテス以前哲学者断片集』第Ⅰ分冊，ヘラクレイトス断片60，p.326.

71頁 「そして，生きている間も死んで後も…」Fr.XCIII in ATH.『ソクラテス以前哲学者断片集』第Ⅰ分冊，ヘラクレイトス断片88，p.335.

72頁 「病気は健康を…」Fr.LXVII in ATH.『ソクラテス以前哲学者断片集』第Ⅰ分冊，ヘラクレイトス断片111，p.341.

72頁 「海水はとてもきれいで…」Fr. LXX in ATH.『ソクラテス以前哲学者断片集』第Ⅰ分冊，ヘラクレイトス断片61，p.327.

74～75頁　「それは，ヘラクレイトスの徒をもって自任する…」アリストテレス『形而上学』(1010a10)，出隆訳，岩波書店（岩波文庫（上）)，p.140 (CWA, p.1594).
75頁　「現代の知者たちの大多数…」プラトン『クラテュロス』(411c)，水地宗明訳，岩波全集2，p.88 (CDP, p.447).
75～76頁　「このヘラクレイトス説というものについては…」プラトン『テアイテトス』(179e)，田中美知太郎訳，岩波全集2，p.295 (CDP, p.884).
76頁　「同じ川に二度…」Fr. LI in ATH.『ソクラテス以前哲学者断片集』第Ⅰ分冊，ヘラクレイトス断片91，p.335.
77頁　「いかなる事物も静止的でなく…」プラトン『クラテュロス』(411c)，水地宗明訳，岩波全集2，p.88 (CDP, p.447).
78頁　「ヘラクレイトスの言説に服した…」アリストテレス『形而上学』(1078b12)，出隆訳，岩波書店（岩波文庫（下)），p.182 (CWA, p.1705).

4　無に関する真理：パルメニデス

81頁　「さてここに女神のいまして…」『ソクラテス以前哲学者断片集』第2分冊，パルメニデス断片1，22行，p.76 (KRS, p.242).
82～83頁　「来るとちゅう，…」ルイス・キャロル『鏡の国のアリス』脇明子訳，岩波書店，p.175 (KRS, p.242).
84頁　「私たちは　たくさんの真実に似た虚偽を…」ヘシオドス『神統記』27，廣川洋一訳，岩波書店（岩波文庫)，p.11.
84頁　「まずはまるい「真理」の…」『ソクラテス以前哲学者断片集』第Ⅱ分冊，パルメニデス断片1，29行，p.76 (KRS, p.242).
86頁　「そもそも何の必要がそれを…」『ソクラテス以前哲学者断片集』第Ⅱ分冊，パルメニデス断片8，9行，P.87 (KRS, p.250).
87頁　「姿完全にして揺がず…」『ソクラテス以前哲学者断片集』第Ⅱ分冊，パルメニデス断片8，3行，P.86 (KRS, p.248).
87頁　「まん中からあらゆる方向に…」『ソクラテス以前哲学者断片集』第Ⅱ分冊，パルメニデス断片8，43行，P.89 (KRS, p.252).
88頁　「諸議論にもとづくかぎりは…」アリストテレス『生成と消滅について』金山弥平訳，岩波書店 273-274頁，325a18 (CWA, p.531).
89頁　「汝すべからく…」『ソクラテス以前哲学者断片集』第Ⅱ分冊，パルメニデス断片7，P.83 (adapted from KRS, p.248).
91頁　パルメニデスに関するプラトンの見解：プラトン『ソピステス』

(256c-268c)，藤沢令夫訳，岩波全集３．

92頁　「『ある』が単一の仕方で…」Aristotle, *Physics*, 186a24（CWA, p.318）

92～93頁　「思慮することと感覚することが…」アリストテレス『魂について』（427a22），中畑正志訳，京都大学学術出版会，p.137.

93頁　「私はこれらの人たちより…」プラトン『テアイテトス』（183e），田中美知太郎訳，岩波全集２，p.308（CDP, p.888）.

97頁　「大地や諸天体と…」プルタルコス『コロテス論駁』13節，1114B（KRS, p.257，邦訳p.333）.

97頁　「死すべき人間のいかなる思考もが…」『ソクラテス以前哲学者断片集』第Ⅱ分冊，パルメニデス断片８，61行，p.90（KRS, p.258）.

98頁　「パルメニデスは本来の哲学を始めた」Hegel, *Lectures on the History of Philosophy*, trans. E/S. Haldane, Kegan Paul, 1892, vol.1, p.254.

98頁　「束の間のものには真理がない」Hegel, *loc.cit.*

98頁　「畏敬の念を起こさせる…」Nietzsche, *Philosophy in the Tragic Age of the Greeks*, trans. Marianne Cowan, Gateway Editions, 1962, p.78.

99頁　クセノファネスの神概念：KRS, pp.169-72，邦訳，pp.219-225.

99頁　クセノファネスについてのニーチェの見解：*loc.cit.*, p, 69 ff.

5　パラドックスの諸方法：ゼノン

100～101頁　「本当のところは…」プラトン『パルメニデス』田中美知太郎訳，岩波全集４，p.9（CDP, p.922）.

101頁　徒競走のパラドックスについて：see Aristotle, *Physics*, 239b11（CWA, p.404）; 233a21（CWA, p.393）; 263a4（CWA, p.439）.

102頁　「エレアのゼノンの講義も聞いた．…」『プルタルコス英雄伝（上）』馬場恵二訳，筑摩書房，p.264〔拙訳〕.

102頁　「弁証論〔問答法〕の発見者」ディオゲネス・ラエルティオス『ギリシア哲学者列伝（下）』加来彰俊訳，岩波書店（岩波文庫），p.115.

103頁　「著作を行って以来，毎世紀…」'Process and Reality'（1932），reprinted in *Essays in Science and Philosophy*, Ride, 1948, p.87.

104頁　ラッセルによる扱い：*The Principles of Mathematics*, Unwin, 1903, chapters CLII, LIV; *Our Knowldge of the External World*, Open Court, 1914, lecture VI,'Mathematics and the Metaphysicians', reprinted in *Mysticism and Logic*, Unwin, 1917.

104頁　トルストイ：『戦争と平和』11巻，１章.

104頁　笑劇：*Jumpers*, by Tom Stoppard, Faber, 1972, pp.27-28.
105頁　現代物理学：*The Natural Philosophy of Time*, by G.J.Whitrow, Oxford, 2nd edition, 1980, pp.200-205; *Time, Space and Zeno's Paradoxes*, by Adolf Grunbaum, Wesleyan University Press, 1967.
105頁　現代の注釈者：Gregory Vlastos, 'Zeno of Elea', in *The Encyclopaedia of Philosophy*, ed. Paul Edwards, Macmillan, 1967, Vol.8, p.373.
107頁　カントルの無限論：see the works by Russell mentioned above; or 'Infinity' by Hans Hahn, reprinted in *The World of Mathematics*, Vol.3, ed. James Newman, Simon &Schuster, 1956.
107頁　「物故した量の幽霊」George Berkely, *The Analyst*, section 35 (reprinted in *A Source Book in Mathematics*, ed. D. E. Smith, New York, 1959, p.633).
107頁　矢のパラドックス：KRS, pp.272-274.　邦訳，p.353.
108頁　「本書では考察されない別のパラドックス」KRS, pp.274-276.　邦訳，pp.355-358.

6　愛と憎：エンペドクレス

113頁　ファウストとの比較：E. Zeller, *Outlines of the History of Greek Philosophy*, trans. L.R. Palmer, Meridian Books, 1955, p.71.
113頁　「前へ進め，ファウストゥス…」Marlowe, *The Tragical History of Dr Faustus*（1604）, I, 1.
113頁　ディオゲネス・ラエルティオス『ギリシア哲学者列伝（下)』加来彰俊訳，岩波書店(岩波文庫), pp.64-65. Diogenes Laertius, VIII, 68(LOP, Vol.2, p.383)；Milton, *Paradise Lost*, III, 470; Arnold, *Hymn to Empedocles*.
114頁　「おんみらすべての間を…」『ソクラテス以前哲学者断片集』第Ⅱ分冊，エンペドクレス断片112，p.299.
114頁　「愚かな者たち！」『ソクラテス以前哲学者断片集』第Ⅱ分冊，エンペドクレス断片11，p.237.
115頁　「これまで　かつて一度は…」『ソクラテス以前哲学者断片集』第Ⅱ分冊，エンペドクレス断片117，p.305.
116頁　「弁論術の発見者」ディオゲネス・ラエルティオス『ギリシア哲学者列伝（下)』加来彰俊訳，岩波書店（岩波文庫），p.115 に引用されている．Diogenes Laertius, IX, 25（LOP, vol.2, p.435).

116頁　「およそ死すべきものどもの…」『ソクラテス以前哲学者断片集』第Ⅱ分冊，エンペドクレス断片８，p.235.

116頁　「習わしに従って」『ソクラテス以前哲学者断片集』第Ⅱ分冊，エンペドクレス断片９，p.236.

117頁　「彼らは色とりどりの…」『ソクラテス以前哲学者断片集』第Ⅱ分冊，エンペドクレス断片23，p.247.

122頁　「そこには頸のないたくさんの…」『ソクラテス以前哲学者断片集』第Ⅱ分冊，エンペドクレス断片57，p.266.（KRS, p.303）.

122頁　「動物の諸部分のほとんどは…」Aristotle, *Physics*, 196a23（CWA, p.335）.

122頁　「内発的に適切な仕方で…」Aristotle, *Physics*, 198b30（CWA, p.339）.

122頁　「ここには自然選択原理が…」Charles Darwin, 'An Historical Sketch of the Progress of Opinion on the Origin of Species, previously to the Publication of This Work', appended to 6th edition of *The Origin of species*（1972）, fn 1.

123頁　「中味のあることは何も言うことができない」アリストテレス『弁論術』(1407a34) 戸塚七郎訳, 岩波書店（岩波文庫）, p.325（CWA, p.2244）.

123～124頁　「色とは，その大きさが…」プラトン『メノン』(76d)，藤沢令夫訳，岩波全集９，p.264（CDP, p.359）.

125頁　「それらの者は至福の者たちの…」『ソクラテス以前哲学者断片集』第Ⅱ分冊，エンペドクレス断片115，p.303.

126頁　「九年の間　この方は…」ヘシオドス『神統記』廣川洋一訳，岩波書店（岩波文庫），pp.100-101，*Theogony*, 801（Loeb Classical Library edition, trans. H.G.Evelyn-White, p.137）.

126頁　「神のみもとより追われてさまよえる者」『ソクラテス以前哲学者断片集』第Ⅱ分冊，エンペドクレス断片115，p.303.

126頁　「ああ　仮借なき死の日が…」『ソクラテス以前哲学者断片集』第Ⅱ分冊，エンペドクレス断片139，p.320.

126頁　「肉という見知らぬ着物」『ソクラテス以前哲学者断片集』第Ⅱ分冊，エンペドクレス断片126，p.311.

126頁　「彼らには神として…」『ソクラテス以前哲学者断片集』第Ⅱ分冊，エンペドクレス断片128，p.312.

126頁　「すべてのものはおとなしく…」『ソクラテス以前哲学者断片集』第Ⅱ分冊，エンペドクレス断片130，p.314.（KRS, p.318）.

127頁　「最後に彼らは…」『ソクラテス以前哲学者断片集』第Ⅱ分冊，エン

ペドクレス断片146，147，p.323，324（KRS, p.317）.

128頁　「さらばいざ力の限りをつくして…」『ソクラテス以前哲学者断片集』第Ⅱ分冊，エンペドクレス断片３，p.233（KRS, p.285）.

7　精神と物質：アナクラゴラス

130頁　「日輪や月輪が神だということを…」プラトン『ソクラテスの弁明』（26d），田中美知太郎訳，岩波全集１，p.75（CDP, p.12）.

131頁　「いわゆる高度な哲学と高尚な思索に…」Plutarch, *Life of Pericles*, V（Loeb Classical Library edition, trans. Bernadotte Perrin, p.13）.

131頁　ペリクレスの弁論技術についてのソクラテスの見解：プラトン『パイドロス』（269），岩波全集５，pp.240-242（CDP, p.515）.

132頁　「古代からソクラテスの時代…」Cicero, *Tusculan Disputations*, V, IV, 10（Loeb Classical Library edition, trans J. E. King, p.435）.

133～136頁　「私は……若いころには…」プラトン『パイドン』（96a-c, 97b-），松永雄二訳，岩波全集１，p.279（CDP, p.78）.

137頁　「どうして……毛髪ならざるものから…」『ソクラテス以前哲学者断片集』第Ⅲ分冊，アナクサゴラス断片10，p.285（KRS, p.369）.

138頁　「それらが互いに異なるもの…」アリストテレス『自然学』出隆・岩崎允胤訳，全集３，p.19，187b3（CWA, p.320）.

138～139頁　「穀物もまた，…」ルクレティウス『事物の本性について』岩田義一・藤沢令夫訳，世界古典文学全集21，筑摩書房，p.308，第１巻，880行.

139頁　「理《ことわり》によって見てとられうる部分」アエティオス『学説誌』第１巻第３章５節（KRS, p.375，邦訳，p.471）.

139頁　「明らかならざるものの視覚，それが現れである」『ソクラテス以前哲学者断片集』第Ⅲ分冊，アナクサゴラス断片21a，p.292（KRS, p.383）.

140頁　「小さなものについて…」『ソクラテス以前哲学者断片集』第Ⅲ分冊，アナクサゴラス断片３，p.280（trans. After Zeller; cf.KRS, p.360）.

140～141頁　「最初は小さなある一点から…」『ソクラテス以前哲学者断片集』第Ⅲ分冊，アナクサゴラス断片12，p.286（KRS, p.363）.

142頁　「若干のもの〔生物体〕には…」『ソクラテス以前哲学者断片集』第Ⅲ分冊，アナクサゴラス断片11，p.285，（KRS, p.366）.

142頁　「すべてのものについての…」『ソクラテス以前哲学者断片集』第Ⅲ分冊，アナクサゴラス断片12，p.286（KRS, p.363）.

143頁　「彼らが死すべきものとして…」ディオゲネス・ラエルティオス『ギリシア哲学者列伝（上）』加来彰俊訳，p.127，Diogenes Laertius, *Lives of the Philosophers*, II, 13（LOP, Vol.1, p.143）.

144頁　「君は祖国のことが少しも…」ディオゲネス・ラエルティオス『ギリシア哲学者列伝（上）』加来彰俊訳，p.123，Diogenes Laertius, *ibid.*, II, 7（LOP, Vol.1, p.137）.

8　最後に笑う人：デモクリトス

145～146頁　「すべての人々に疑心を…」その他.『ソクラテス以前哲学者断片集』第Ⅳ分冊，デモクリトス断片91, 43, 61, p.185, 180, 182（trans. J.M.Robinson in *An Introduction to Early Greek Philosophy*, Boston, 1968, p.227, 235）.

148頁　「人間の生活が…」ルクレティウス『事物の本性について』p.292，I. 62.

149頁　ペルシア王について：『ソクラテス以前哲学者断片集』第Ⅳ分冊，デモクリトス断片118，p.189.

150頁　「これらのアトムは，…」シンプリキオス『アリストテレス「天体論」注解』242，21（KRS, p.426，邦訳p.533）.

150頁　「動物も類を等しくする動物と群れる…」『ソクラテス以前哲学者断片集』第Ⅳ分冊，デモクリトス断片164，p.204（KRS, p.426）.

151頁　甘いものその他について：Theophrastus, *De causis plantarum*, 6, 1, 6.

151頁　雷について：Aetius, *Placita*, III, 3，1（trans. C.Bailey in *The Greek Atomists and Epicurus*, Oxford, 1928, p.153）.

152頁　「空気中に漂ういわゆる…」アリストテレス『魂について』中畑正志訳，全集７，p.23，404a2（CWA, p.644）.

152～153頁　「ある事物の隠された本性を…」Lamery, *Cours de Chymie*（1675），quoted in F. M. Cornford, *Before and after Socrates, Cambridge*, 1932, p.26（コーンフォード『ソクラテス以前以後』山田道夫訳，岩波書店（岩波文庫），p.41）

154頁　メリッソス『ソクラテス以前哲学者断片集』第Ⅱ分冊，メリッソス断片８，p.151（KRS, p.399）.

156頁　「同じものでもこれを…」アリストテレス『形而上学（上）』(1009b3)，出隆訳，岩波書店（岩波文庫），p.138（CWA, p.1593）.

156頁　「甘さは約定（ノモス）上の…」『ソクラテス以前哲学者断片集』第Ⅳ分冊，デモクリトス断片９，p.155（KRS, p.410）.

156頁　名前としての色：『ソクラテス以前哲学者断片集』第Ⅱ分冊，パルメニデス断片８，p.89（KRS, p.252）.

156～157頁　「文字どおりには彼は…」セクストス・エンペイリコス『学者たちへの論駁』第７巻139，邦訳『学者たちへの論駁２』金山弥平・金山万里子訳，p.68（Loeb Classical Library edition, trans. R.G.Bury, Vol.2, p.77）.

157～158頁　「任意の物質的…」Galileo, *Il Saggiatore*（1623）, quoted in *Discoveries and Opinions of Galileo*, trans. Stillman Drake, Anchor Books, 1957, p.274.

158頁　「原子論の最初の発明者たちの…」cited in Charles Singer, *A Short History of Scientific Ideas to 1900*, Oxford, 1959, p.273.

159頁　「客観そのもののうちの…」*An Essay concerning Human Understanding*（1690）, II, 8, 10.

160～161頁　「様々なタイプの基本的粒子は…」Steven Weinberg, *The Discovery of Subatomic Particles*, Penguin, 1993.

161頁　「またある宇宙世界には…」ヒッポリュトス『全異端派論駁』第１巻第13章２節（KRS, p.418，邦訳，p.524）.

162頁　「さまざまな仕方で多数の元素が…」ルクレティウス『事物の本性について』第５巻，422行，p.388.

162頁　『利己的な遺伝子』日高他訳，紀伊國屋書店，1991年，p.15，31，33.

163頁　「創造者なしに何の理由もなく…」Lactantius, *Institutiones divinae*, VII. 7. 9（trans. J. M. Robinson, *op.cit.*, p.216）.

163頁　動物たちの弟子：『ソクラテス以前哲学者断片集』第Ⅳ分冊，デモクリトス断片154，p.200.

164～165頁　学校教育における甘やかし：『ソクラテス以前哲学者断片集』第Ⅳ分冊，デモクリトス断片178，p.208.

165頁　「人に子どもをつくる…」『ソクラテス以前哲学者断片集』第Ⅳ分冊，デモクリトス断片277，pp.229-230.

166頁　「自分の冗長さのほとばしりで…」Benjamin Disraeli in , 29 July 1878.

9　パンドラの箱を開ける：ソフィストたち

169頁　「かくも偉大な証積をもって…」トゥーキュディデース『戦史』２巻41節，久保正彰訳，岩波書店（岩波文庫（上）），p.229.

169頁　「われらの政体……，その名は…」トゥーキュディデース『戦史』2巻37節，p.226.

169～170頁　「われら市民自身，…」トゥーキュディデース『戦史』2巻40節，(上)，p.228.

170頁　「〔地図を示しながら〕そしてこれが…」アリストファネス『雲』206～208行，『ギリシア喜劇Ｉ』田中美知太郎訳，筑摩書房（ちくま文庫），p.231.

172頁　「で，私から学ぶものは何か…」プラトン『プロタゴラス』(318e)，藤沢令夫訳，岩波全集８，pp.36-37（CDP, p.317).

174頁　オリュンピア祭におけるヒッピアス：プラトン『ヒッピアス（小)』(368b)，戸塚七郎訳，岩波全集10，p.89.

174頁　「どんなことにおいても，…」プラトン『ヒッピアス（小)』(364a)，戸塚七郎訳，岩波全集10，p.78.

174頁　「幸いなる人よ，…」『ソクラテス以前哲学者断片集』第Ｖ分冊，アンティポン断片51，p.168.

174頁　「生きるということは，…」『ソクラテス以前哲学者断片集』第Ｖ分冊，アンティポン断片50，p.168.

175頁　「ソフィスト術とは…」アリストテレス『ソフィスト的論駁について』納富信留訳，岩波全集３，p.372，165a21.

176頁　「ゴルギアスが，相手の…」アリストテレス『弁論術』(1419b2)，戸塚七郎訳，岩波書店（岩波文庫)，p.400（CWA, p.2268).

176頁　「弁論術は，……相反する…」アリストテレス『弁論術』1355a29, p.28（CWA,p.2154).

177頁　ソクラテスの仲間の一人：クセノポン『ソクラテス言行録１』第１巻６章13節，内山勝利訳，京都大学術出版会，p.56.

177頁　「弱論に強論を打ち負かさせ…」プラトン『ソクラテスの弁明』(19b)（CDP, p.5).

178頁　「いったい，アニュトス，…」プラトン『メノン』(92b)，藤沢令夫訳，岩波書店（岩波文庫)，p.89（CDP, p.376).

179頁　「私はあの極貧の駄弁家…」Eupolis（in *Socrates: A source book*, compiled by John Ferguson, Macmillan, 1970, p.173).

179頁　「皆さんもこういったことを…」プラトン『ソクラテスの弁明』19c，納富信留訳，光文社（光文社古典新訳文庫)，22p（CDP, p.5).

179頁　「さあ，それでは，アテナイの皆さん…」プラトン『ソクラテスの弁明』(18e)，納富訳，p.21（CDP, p.5).

180～181頁　「年端も行かぬ者たちが…」プラトン『国家』(539b)，藤沢令夫訳，岩波全集11，p.553（CDP, p.771）.

182頁　コミュニケーションについてのゴルギアスの見解：『ソクラテス以前哲学者断片集』第Ⅴ分冊，ゴルギアス断片３，p.61.

183頁　「言葉の力は…」『ソクラテス以前哲学者断片集』第Ⅴ分冊，ゴルギアス断片11（14）『ヘレネ頌』，p.75.

183頁　「説得が言葉に加勢し…」『ソクラテス以前哲学者断片集』第Ⅴ分冊，ゴルギアス断片11（13），p.75.

184頁　「人間はあらゆるものの…」『ソクラテス以前哲学者断片集』第Ⅴ分冊，プロタゴラス断片１，p.28.

186頁　「わたしにとっては…」プラトン『テアイテトス』(152a)（CDP, p.856）

186頁　「そもそも風は同じ風が…」プラトン『テアイテトス』(152b)，田中美知太郎訳，岩波全集２，p.208（CDP, p.862）.

187～188頁　「そうか，それでは，…」プラトン『テアイテトス』(157e)，岩波全集２，p.226（CDP, p.857）.

188頁　「もしプロタゴラスの語ったことが…」プラトン『クラテュロス』(386c)，水池宗明訳，岩波全集２，p.12（CDP, p.424）.

189～190頁　「真なるものとは，…」ウィリアム･ジェイムズ『プラグマティズム』第２講，桝田啓三郎訳，岩波書店（岩波文庫），p.62.

190～191頁　「知恵のある卓越した弁論家…」プラトン『テアイテトス』(167c)，岩波全集２，p.257（CDP, p.873）.

194頁　「実際どこの国の人間にでも…」ヘロドトス『歴史』第３巻38節，邦訳（上），p.305.

195頁　ロックとルソー：John Locke, *Second Treatise on Civil Government*（1690）; Jean-Jacques Rousseau, *Du Contrat social*（1762）.

195頁　「法の掟は人為的な…」『ソクラテス以前哲学者断片集』第Ⅴ分冊，アンティポン断片44，p.160.

195頁　「法的な正しさの多くは…」『ソクラテス以前哲学者断片集』第Ⅴ分冊，アンティポン断片44，p.160.

195頁　「法〔慣習，ノモス〕は…」プラトン『プロタゴラス』(337d)，岩波全集８，p.174（CDP, p.331）.

196頁　「もしその件が裁判に…」アンティポン断片44〔Antiphon, Fr. 44 trans. J. M. Robinson, An Introduction to Early Greek Philosophy, Boston, 1969, p.252 がここで引用されている．これを訳した．『ソクラテス以前哲学者断片集』第Ⅴ分冊，p.162では「罰のためにその正しさ

が持ち出されても，害を加えた者よりも被った者の方に特別なことがあるわけでは決してないのである．というのも，被害者は罰してくれる人たちに，自分が害を被ったということを説得しなければならず，またそのためには訴訟に勝つ能力が要求されるからである．しかしそれと同じことが害を加えた者の方にも許されていて，彼が否定しようと思う場合には〈＊＊＊〉告発内容の説得が告発者を，それが被害者であれ加害者であれ，助ける限りはむしろ〈＊＊＊〉．なぜなら勝利は言葉と〈＊＊＊〉によって生じるからである」となっている〕．

198頁 「あらゆるものを見，…」ヘシオドス『仕事と日』，pp.256-273，岩波書店（岩波文庫），p.43.

199頁 「神々については，…」『ソクラテス以前哲学者断片集』第Ⅴ分冊，プロタゴラス断片４，p.31.